沈黙の国から来た若者たち

日本の文化とコミュニケーション力

原田房枝
Harada Fusae

文芸社

パラダイム・シフト　まえがきに代えて

江戸時代末期から明治の初めにかけて欧米を訪れた日本人は、技術的な知識、法律や議会制度のような社会構造を構築する方法、そして、目には見えないものの見方や価値観の相違に対する幅広い理解など計り知れない多くの財産を得て祖国に戻ってきました。

そこから得たものは、その後、様々な形で社会の中に反映され、江戸時代までに積み上げてきた日本の文化や知恵を土台にしながら、それまでとはまた違うものへと大きな変貌を遂げる要素となりました。

違う世界との接触が、自らがそれまで学び積み重ねてきたことをさらに磨き、新しい知識や発想と相乗的に絡《から》み合い、豊かな実りを生み出します。その前と後では、世界を観るパラダイム（枠組、ものの捉え方の軸）がまったく違うものとなります。それが、「留学」の効果です。

近年は、大勢の若者たちが海外に留学します。文科省が率先して留学を奨励するようになったということは、単にグローバルな人材作りに遅れを取らないようにというだけでなく、留学には個人を豊かにする大きな成果が伴い、やがてそれが国家全体を富ませることにつながるという認識があるからです。

では、若者たちが1年またはもっと長期にわたって留学した時、一体、どんな体験をし、どのような成長を遂げ、どんな成果を持ち帰るのでしょうか。

20年にわたり、８００人を超える高校生の1年間の留学の軌跡を追った記録があります。８００人いれば、八百様にその留学体験も人間模様も違い、学習した内容も成果もマチマチです。

しかしながら、海外に飛び出した高校生にある程度共通した反応があり、そこには、現代の日本社会の特徴が浮き彫りとなります。

本書の内容は、長年〝受け入れる側《がわ》〟にあった筆者が、１９９1年から２０１3年にかけて以下の条件の下で学習した８００余人の「平成時代の高校生」たちが見せる特徴をまとめたものです。

・15～17歳の日本人の高校生
・それまで日本で学校教育を受けてきている
・母語は日本語

・日本の普通学級で英語の授業を受けている（英語塾に通った生徒も含む）
・留学先はオーストラリア（英語圏・西洋文化が基調）のハイスクール
・留学の期間は1年（または3年）
・英語学習は同じカリキュラムを履修している

高校生は、それまで日本で培《つちか》ったものをそのまま留学先に持ってきます。彼らを通して見られる特徴は、留学生だから特別に持っているものではなく、日本の高校生全般の特色が、日本の外に出た故に目に見えるものとなったものです。

日本にいたらそれは日常の当たり前の風景の中に埋もれ、特に目立つものでも取り立てて言うほどのものではないのかもしれません。

しかしながら、高校生が海外で見せる特徴は、その時に始まったものでも形成されたものでもなく、彼らの前の世代の大人たちの社会的・文化的な価値観と、時代が求めるままに築かれてきた社会機構と教育機構の中で、時代と文化の産物として生まれた時から積み重ねられてきた結果であり、それが、彼らが未来社会に携《たずさ》えていく資質の原型となるものです。

本書は、鮮明に浮かび上がる16歳の特徴の背景にあるものを探ります。日本のすばらしい文化を継承しながらグローバルな世界で活躍できる、より逞《たくま》しく健全な若者たちを生み出す土壌作りの議論を活発化させる材料として、子どもも大人も学び、みんなが成長できる社会を作ることを目指すものです。

目次

広い世界に飛び出そう

かわいい子には旅をさせよ

かわいい子には旅をさせよ――苦労すれば大きく成長することを表した見事なことわざです。

現在の日本のように物質的に豊かであり、子どもたちが困らないように世話を焼き、挫折しないように先の困難を取り除き、欲しいものはなんでも与えてやり、子どもの好きなようにさせることが親の役目と考え、親が子どものためになんでもするという風潮がある社会環境は、子どもから苦労して学ぶ機会をあえて奪っているようなものです。

昨今の日本は、不登校、いじめ、ニート、ひきこもりなどの社会現象が混迷を深めるばかりで、ネット依存症も急速に増え始めています。どれも効果的な解決をみないままです。

勉強しない、ダラダラしている、授業中に居眠りする、パソコンのゲームばかりしている、スマホを手離さない、学校に行かない、部屋から出てこない、注意されれば腹を立てるのに欲しい物の要求はしてくる、家の手伝いなどしたこともない、汚い言葉で親をののしる、先生に悪態をつく、電車の床に座って陣取る、そんな高校生が目の前にいたら、そして、それが自分の子どもだったら、こんなはずではなかったのに、なぜ、こんなふうになってしまったのか、と嘆くことでしょう。生まれたばかりの赤ちゃんを抱いた時は、子の幸せを願い、将来に希望を託し、夢を描いたはずなのに。

子どもは、ある日突然にこんなふうになるわけではありません。今ある状態は、それまでに選択し続けた行動の結果です。子ども自身が選択したこともあるでしょう。でも、物心《ものごころ》がつくまでは、親が選択してきたことの積み重ねです。この世に誕生したことも、お父さんとお母さんの夫婦関係も、通う幼稚園も、食事も、住む家も、みんな両親の選択です。そのうちに、子どもの望みや願いが徐々に生活の中に入ってきます。日常生活は、家族の複雑な絡み合いの中の決断と選択の連続で積み上げられていきます。

その決断と選択はいろいろなものに影響されます。自然を含む物理的な環境、災害、家族の人間関係、価値観、経済状態、身体的能力、学校環境、先生たちとの関係、友達関係等々、様々な要素が組み合わさり、選択と決断を左右し、その結果、行動も左右されます。

学校に行く、行かないも自分の決断と選択です。

前述のような高校生は、社会性を身に付けず、自立に至っていないことを示しています。けじめを付けることを学び損なってしまった結果、社会的に何がいいのか悪いのか、自分の責任が何なのか、何を求められているのか、他の人々との境界線がどこにあるのかが明瞭に見えなくなり、自分が成長し自立し、夢を追う努力をあきらめてしまった結果です。

責任や役目を与えられる代わりに小さな頃から甘え放題甘やかされ、したいことを好きなようにさせてもらった結果かもしれません。全く放任されてしまった結果かもしれないし、あるいは、勉強の結果だけを求められる社会に嫌気がさした結果かもしれないし、原因は様々でしょうが、いずれも、「社会」あるいは「文化」から身を引かざるを得ないと感じた結果です。それが子どもたちに起こる現象であれば、その原因となるものは大人が作っている社会にあります。

社会は、子どもを守り育て、自立させる責任をもっています。自立させなければ、その個人が自分の望む最高の人生を送れなくなるだけではなく、社会は、その自立できていない人間を抱えて養っていかなければなりません。

「かわいい子には旅をさせよ」という言葉は、「子どもを手元で甘やかしたら、自立はしない」「苦労させたら、大きい人間になるよ」という親への励ましと戒《いまし》めの言葉です。本当に子どもを愛するのであれば、手離せ、勉強だけでなく様々な体験をさせよ、子どもに任せよ、最初から最後までやらせてみよ、責任を取らせよ、ということを意味します。

海外に出てきた高校生を見ていますと、実際にその体験を積んできた子どもたちの機転や気づきや行動力は、親元から離れた時に即座に威力を発揮します。体験を積んでいない子どもたちとの間には、新しい環境での対応の仕方に格段の差が出ます。

高校生の留学は自立に向かう旅です。親の庇護《ひご》に甘えながらもそれを煩《わずら》わしく感じ、自分の道を探り始める年齢に親元から離れて大海に飛び出すのですから、成長しないわけがありません。自立の度合いは通常の何倍もの大きさです。そして、ものすごいスピードで起こります。

通常の生活の中で困難を感じるのは、それまでに学んでいないこと、自分の身に付いていないことにぶつかり、解決方法が見つからない時です。文化が違い、周囲の地理がわからず、出会うのは新しい人々ばかりという異質の環境での体験は、すべてが新鮮な刺激であると同時に、それまで体験したことのない問題との遭遇の連続ともなります。

お父さんやお母さんの直接の助けもなければ、今までのさりげない支えもありません。

自分の判断で、自分の力で動かなければなりません。そんな中で必死にもがき、懸命に泳ぎ、試行錯誤し、真剣に考え、自分と向き合い、様々なことに挑戦し、困難を克服し、自分の選択と決断の責任を負い、道を拓《ひら》いていく体験は、間違いなく人間を大きくします。

留学という人生の旅は、計り知れない大きな学びを生み出し、留学の前と後とでは、まったく違うパラダイムの上に立ち、その後に続く生き方を無限大に広げる成長を可能とします。「かわいい子には旅をさせよ」の意味が具現化されます。

「自分の原点は、あの16歳にある」という言い方を留学後10年、20年と経った青年たちから頻繁に耳にします。「今ある成功の源は、あの年にある」と高みにある時にも、「進む道を見失った時に、あの時の自分に戻ってみる」と希望を取り戻す時にも使われ、夢を追い、燃えた自分があそこにいた、という強烈な感覚が身体に蘇ってくると言います。高校生の留学は、それほどに、その後の人生に大きなインパクトを与えるものです。

しかしながら、こうした子どもの自立や冒険の旅は、大人の、そして、社会の温かな後押しがあるところでより大きな実りを遂げます。その支援は、留学だから必要だというものではなく、現代の日本社会で若者たちが逞しく力強く育っていくために、日本全体の若者たちが必要としているものです。

大人の判断と選択が、そして、体制作りが、子どもたちの未来を大きく握っていることが鮮明に見えるのが海外に出た高校生であり、そこには日本の社会の機構や文化が必要としているものについての示唆《しさ》がたくさんあります。

適応性は実体験の豊富さ

留学中の生活のクオリティに違いをもたらすものは、学力ではありません。それまでの生活体験の量です。どれだけ実際の生活の中で動いたことがあるかないかで、新しい環境での生活への適応も飛び込み方も違ってきます。小さな頃からいろいろな体験の場を踏んでいる若者たちは困難と感じることが少なく、留学生活を楽しむ可能性が大きくなります。新しい環境で出会う人々、生活様式や食習慣が日本と異なっても、所詮は、みな人間。一緒に動く、相手に合わせる、自分の動きを理解してもらう、互いに敬意を払う、それぞれの行動に責任を持つことなどが、毎日の生活の基本であることに変わりはありません。

そうした状況を日本でたくさん体験している生徒は、言葉が不自由であっても、自然にそのリズムや流れに乗ることができます。相手を気遣《きづか》うことができます。何が起こっているのか、何が必要とされているかに気づき、自分の動きをそれに合わせることができます。

多少くじけるようなことがあっても、すぐにまた、毎日を新鮮に楽しく受け止めます。つまり、問題や困難を感じることがあまりないということです。

一方、新しい生活の中で立ち往生してしまって、新しい挑戦に向かうことができない、自分の殻《から》に閉じこもる、細かい指示がないと動けないという若者たちもいます。その理由は、留学前の生活体験が限られていて、何をどうしていいのかがわからないためです。尋ねてみると、日本の家庭で手伝いをしたことがない、コミュニケーションをとっていない、親子での会話はほとんどない、野外で他の子どもたちと遊ぶ体験があまりない、家族の中に挨拶がない、なんでもしてもらっている、両親との様々な活動・交流体験が限られている、部屋に閉じこもっている時間が多い、コンピューターやテレビなどの電子機器とのつきあいの時間が多い、というような状況が背景にあることがわかります。

こういう状況に浸《ひた》ってしまっている場合には、周りの人々の動きがよく摑《つか》めないので、動きようがないのです。それまでの15、16年間に自分が学んだことを使って動くことを求められても、それに対処する方法が見つからないので、生活のあらゆる面で「壁」や支障を感じることになります。当然心理的にも大きく揺さぶられ、自己評価はどんどん低くなり、新しいものにチャレンジすることが怖くなり、目の前にある自分の世界を広げる機会はただ素通りしていくだけ、ということになります。

通常は、本人を含め、そこにいる誰もが環境が変わったからだ、新しい環境がその生徒に合わないからだ、と思いがちです。本人が持ってきたもの、持っているものに起因しているということは、なかなか見えてきません。環境が合わないのではなく、その生徒が、実は、自分を環境に適応させる算段や知恵を持ち合わせていないのだということは、同じ環境下で上手に対応している生徒たちがたくさんいる対比があるからこそよくわかるものです。

環境のせいも多少はあったとしても、要因は本人の中にあります。違う場所で独り立ちすることとは、それ以前の生活環境や体験に支配されるということが明白に見えます。言い換えれば、新しい環境でできることは、それまで培われてきた資質の大きさと深さによるということです。

動機と目的が成功の決め手

若者たちは、夢を描いて外国に出てきます。

語学力を付けたい、広い世界を見たい、いろいろな文化に触れたい、様々な価値観を学びたい、世界に友達をたくさん作りたい、将来世界で活躍する布石としたい、旅をしたい、自立心を付けたいなど、いろいろなことが動機となります。その思いが、本当にそうしたいという強い気持ちと結びついたら、常に自分の中に自分を励ます気持ちがあり、より高いものに手を伸ばす熱意の源泉となります。留学中にぶつかる困難や苦労も乗り切れます。動機がパッションになれば、留学はすばらしい実りを見ます。

ところが、現実には、熱意とは結びつかない動機もあります。

「学校がおもしろくない、親とぶつかる、自分の家にいたくない、いっそのこと海外に行ってみようか、英語が身に付くかもしれないし、留学だったらちょっとカッコいいし」という動機で留学に出た生徒は、とても苦労します。なぜなら、自分が達成する目的に向かって歩むのではなく、おもしろくないことから逃避する姿勢だからです。自分の中に留学に対する心構えもなければ、努力する覚悟もありません。

留学生活では努力が求められます。自分を高めるための努力、そして、周囲の人々と協調していくための努力は、世界のどこにいても求められるものです。日本を抜け出したらもっと幸せになる、環境を変えたらもっと楽しい人生が送れると漠然《ばくぜん》と思って飛び出した場合には、突きつけられる現実は、もっとずっと厳しく、簡単に挫折に結びつきます。

しかしながら、環境が変わったことによる新しい刺激によって、留学中に自分が夢中になるものを見出せば、そこから、一生懸命やろうという気持ちが湧いてくることもあります。解答は自分の中にあるのだということに気づき、自分を見つめ直し立て直すことを真剣に考え始め、目的意識に目覚めると大きなものを留学から得ることができます。

「自分は気が進まなかったけれど、親が行けって言ったから……」

親が決め、自分の本意でなければ、やる気を出すのは難しくなります。留学は自分の意志ではない、だから結果がどうであろうと自分の責任ではない。すべて親の責任。何も勉強せず、なんの結果も出さないことが、自分をこんな辛い立場に追いやった親への仕返し。日本にいたいのに、どうして、こんな窮屈で不自由で辛い生活をしなければいけないのか。日本が恋しい。こんなところはいや、と辛い毎日となりかねません。

そんな場合には、なげやりで捨鉢《すてばち》な態度で毎日を過ごし、自暴自棄な状況となり、新しい環境から得られるものを受け止める余裕すらありません。早期帰国を希望するような結果となります。

しかしながら、こんな場合にも、最終的に飛行機に乗ることを選択したのは自分であり、留学への一歩を踏み出した最終意志が自分にあったことを認識すると、そのへんから変化が起き始めます。やってみようかな、という気持ちになり、最後には、送り出してもらって良かったという境地に到達するケースもあります。

それでもまだ送り出されたことを恨み続ける場合もあります。親に見捨てられたと感じながら1年を過ごした生徒もいます。そういう場合には、心に負った傷を治すことは、親と遠く離れているだけに、より一層難しくなります。

そんな気持ちを抱えて学習に成果が出るはずがありません。その傷は、後になってもっと深い傷として膿《うみ》を持つこともあります。

親の身勝手な都合。これは、破綻《はたん》に直結します。

親が離婚した、愛人ができた、別の人と暮らし始めるので子どもが邪魔、仕事が忙しくて子どもの面倒をみるのが大変、留学なら英語も上手になるし、一石二鳥。これほど、子どもにとって悲惨で残酷な留学はありません。

そのような親の身勝手な都合など到底子どもが納得できるはずもなく、自分が捨てられた、邪魔にされている、親に嫌われているという解釈に走ります。その思いを拭《ぬぐ》い去ることができず、心は日本、身は留学先の国と自分が分断された形となります。留学の成果が覚束《おぼつか》ないどころか、いてもたってもいられず、早期帰国を嘆願するか、自暴自棄に陥り、なんとかして自分に周りの注意を引こうとし、時には、あえて帰国に追い込まれるような危険な道を選ぶことさえあります。

こうした場合には、前述のふたつの場合のように、子どもが考え方を変えて未来に心を向けるようになる可能性は限りなくゼロに近いと言えます。それは、一番大切な親との絆が断ち切られるかもしれないという不安が常につきまとい、自分の精神が安定していられる場所がないために、感情の渦の中に置かれ、冷静に物事を考える精神的な余裕がなく、勉学とか、未来を築くといった次の発達段階に進んでいけないからです。

こういう状況においては、いくら留学が子どもの未来のためと説得しても、留学を望んでいない子どもは心のどこかでそれが本当の理由ではないことを見抜きます。子どもが十分に納得できるまで親子の時間をたくさん持ち、深い話をすることが必要ですが、それでも子どもが留学をいやがる場合には、時期尚早だと判断し、留学を考える前に、親子で一緒に解決しなければならない問題の解決にあたることが優先です。

問題を無視して無理やりに送り出した時には、後になって問題は何倍もの大きさになって襲いかかってきます。そして、留学そのものも、大きな成果が望めないことはほぼ確実だと言えます。

海外赴任でその国では子どもの安全が保障できないので子どもを連れていけない、だから安全な国に留学させたいといった場合でも、しっかりと子どもの納得を得るだけでなく、子どもがそうしたいと思うまでの話し合いが必要です。

家庭環境、親子関係が留学という特別なことを通して浮き彫りになってくることが多いのですが、通常の生活の中において、親子がいろいろなことを腹を割って話すことがどれだけ大事であるかを示すものです。留学はとてつもなく大きな選択ですが、日常の些細《ささい》なことにおいても、物事の選択はその目的と動機によって、結果は大きく違ってきます。普段親子ができるだけ時間を見つけて一緒に過ごし、いろいろな話に触れることで親子の絆が深まり、相互にとってより良い選択ができる可能性も増えます。

人を突き動かすのはやる気

社会には、困難にぶちあたってもその壁を砕き、挫折せずに勢いのある生活をしている人と、夢を果たせず失意の中でしかたなく今の生活を送っているという人がいます。違いはどこから来るのでしょうか。自分の生き方を選択し、夢や希望を叶《かな》える人はどのように目的を成就し、目標を達成するのでしょうか。

留学生を見ていると、人生の成功を成就する未来の種は、すでに、この年齢までに心身に植え込まれているように思えます。留学中にも、同じ両極の姿勢が見られます。

ここでいう成功とは、学校の点数ではありません。思い切り新しい環境に飛び込み、その毎日の時間と機会を思う存分活かし、いろいろなことに挑戦し、様々なことを学び、多くの良い人間関係を築き、充実した生活にするという姿勢のことです。

その姿勢こそが、将来の道を拓き、自分の人生を切り拓いていく源となるものです。その根底にあるものは、望みとやる気です。

イギリスの教育家サー・ケン・ロビンソンは、

"When people are in their Element, they connect with something fundamental to their sense of identity, purpose and well-being."

人間は、自分の本領が発揮できる時に初めて、自分の本質的なアイデンティティ・目的・しあわせとむすびつく。

と言っています。本領を発揮するものの源泉は、「才能」と「情熱」が合致した時。そして、それが、「姿勢」と「機会」というふたつの条件下で生きてくる、と。

留学中の高校生を見ていると、まさに、この通りのことが起こります。留学というそれまでの生活や枠とはまったく違う環境に自分を置く機会を得て、水を得た魚のように自由に泳ぎまわる生徒。持っている才能を発揮できる場所や機会を自ら捉えます。それまでそんな才能を持っていることを本人すら気づいていなかった才能が芽生えてくることも稀《まれ》ではありません。

日本で生徒を知る人々が信じられないと言うほどの変貌ぶりを見せることもあります。そういう生徒は、生き生きとしています。燃えています。幸せと感じ、毎日が充足しているから、ますます燃えます。まさにロビンソン博士の言葉通りです。

一方、日本を飛び出すようなすごい勇気を持っているのに、新しい地では、指示と導きを待っているだけの生徒たちもいます。動かないから楽しくない。「することがない、退屈だ」に至るほどに、自分の時間を充当する楽しみや活動を作り出せないのです。

「環境が新しいからわからない」と言いますが、環境が新しいからこそやれることがたくさんころがっているのに、それをどのように利用していいのかわからず、以前から持ち合わせている「与えられるものを待つ」という姿勢が、新しい環境で浮き彫りになってきます。

留学に限らず、人間の行動を推し進める基本にあるものは、望みとやる気です。やる気がなければ、願望はただの夢に終わります。やる気があっても、行動を伴わないと夢には近づいていけません。

人間が特定の活動に従事する際にどのような動きが脳内に起こるかをＵＣＬＡ（カリフォルニア大学ロサンゼルス校）で研究しているダリオ・ナーディ博士は、脳の活動を著書『Neuroscience of Personality』で発表しています。縦の目盛りは、脳内の活動の活発度を表し、横の目盛りは、課題に従事している時間の長さです（次頁図）。

やる気と能力が合致すると、集中して事に当たり、やる気が増すとさらにチャレンジする気持ちがグーンと高まるものの、能力を越えた瞬間に、脳の働きはガクッと止まってしまいやる気が失せる、という脳の動きが明白に見えます。未知のことや重要ではないと思う課題には、脳は何の反応も起こさない、また、やる気（の低下）は能力を無効にしてし

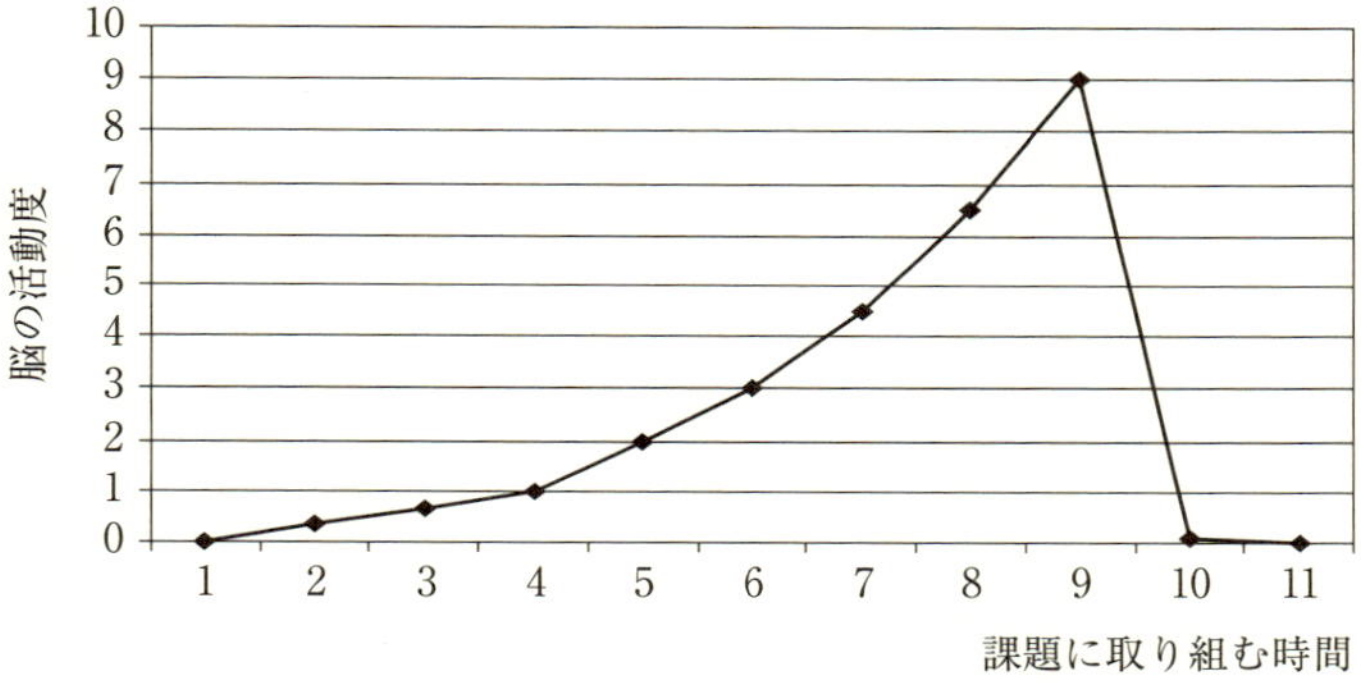

集中カーブ

まう、とナーディ博士は述べています。

つまり、難しくても手に入るという感触が多少でもあればやる気を起こすことができるし、いくら高い能力を持っていても、やる気がなければ、能力は活かせない。人生の舵取りはやる気だということです。

ダニエル・ゴールマン氏も、著書『Emotional Intelligence』の中で、「人生に大きな差をつけるのは、IQではなく、子供のころに挫折を克服する能力や感情をコントロールする能力や他人と協調する能力があったかどうかである」「EQ（心の知能指数）が高いほど、人生における満足度、したいことができる効率が高い」と言っています。「人生の浮沈にうまく対応できるかは、成績からではわからない」とも。

みな共通して同じことを言っています。これらのことは、実際に、留学生の中に鮮明に見えます。極めて高い知力や能力を持っているのに、そして、勉強したほうがいいとわかっていても、何らかの理由でやる気がないので課題に本気で取り組むことなく、集中力に欠け、本気で従事しない。当然、成績といった目に見える物差しには、持っている能力は反映されません。

そこには、自分はやってもできないという思い込みや自信の無さが裏に潜《ひそ》んでいることもあれば、逆に、小中学校で特に何もしなかったのに常に成績上位に留まり、このままで大丈夫だという過信の上に座っていることもあります。その場合には、きちんとした学習方法を身に付けないまま大きくなってしまい、今さら何をどう学習すればいいのかわからない、というものもあります。

やる気があれば、「やりなさい」「がんばりなさい」と周りからけしかけられなくても、自ら夢中になってやります。でも、いくらやる気があっても、目の前にあるものが自分の能力を遥かに越え理解できず、意味も持たないものを毎日強《し》いられたら、やる気を維持することは不可能となります。

この良い例は、数学嫌いがとても多いことです。尋ねてみれば、「整数」とか「無理数」

といった数学用語で混乱してしまったり、「分数」の概念がわからずそこから嫌いになったとか、実に簡単な根本のところで躓《つまず》いてしまっていたことに驚かされます。小学校での躓きが、ずっと中学校でもそのまま是正されずにきてしまっていることに、もっと驚きを感じます。

子どもたちのやる気やモチベーションを高めるのは、大人の仕事です。課題が能力に見合ったものなのか、子どもが理解しているのか、さらにチャレンジしようと思わせるレベルなのか、関心を持つ要素があるのか、関心をどう引き出せるか、子どもにわかりやすいやり方なのか、すぐに見える成果が伴うものなのかなどを確かめることが大切です。

子どもたちの学習に適宜な刺激と理解する楽しさがあれば、子どもがやる気を起こす可能性はとても高くなります。子どもは本来、誰もが学びたいのです。短時間で目に見える成果が伴えば、気持ちの充実感や達成感があり、次の挑戦を自然に求めるようになります。わからないと思い込み、嫌いであった数学でさえも。

エネルギー（願望、情熱、やる気、モチベーション）**を作る4つの源泉**

日本の学校にいる時とまったく同様に、生徒たちのやる気やそのモチベーションとなるものは、常に一定しているわけではありません。上がったり、低迷したり、停滞したり。その背景には、いろいろな要因があります。次の表は、直接に生徒のやる気と関係する要因です。要因が重なれば重なるほどやる気は助長されます。逆に、この中のひとつが欠けただけで、大きく落ち込むこともあります。

やる気が失われた際に、何に影響されているかがわかれば、即効で的確な支援の方法が見つけられます。要素が複雑に絡んでいる場合には、簡単ではなく回復までに時間がかかることもあります。周囲ができることは、やる気をできるだけ高いレベルで長く維持できる環境を作り支援を送ることです。

この中で、最も重要性を持つのは、日本の家族、特に、親からの支援です。遠く離れているだけに、日本の家族の様子は最も気になることであり、親子の絆が子どもの人生を大きく支配するものであることが如実に出てきます。親に関心を示されないと感じると勉強の結果に関心を失い、愛されていないと感じると毎日の生活に力が入らなくなります。親が必死で愛していても、子どもの中で何かの折に親の反応で愛されていないと感じてしまうことがあり、そうなると学習も投げやりになります。それが、実は愛されていたのだと悟る折があれば、そこから勉学への姿勢は、嘘のように前向きに変わります。

やる気の４つの源泉

1　個々の資質・能力	心身の健康状態 脳の活用具合 精神力 学力 技能 興味関心 学習内容の理解 学習方法との一致（自分が最高の効率をあげられる学習方法と戦略） 性格
2　支援と環境からの刺激	家族の支援 物的資金 タイミング 情報（内容・質・量・発信元） 知識 動機 限定された時間 新鮮さ（新しい学習・新しいやり方） 違いの面白さ（物の見方・考え方・価値観） 友達 ライバル 良き模範 地域社会の活動 自然からの感動 見に見える結果 明白に感じられる自己の改善と変化 賞罰 褒美
3　姿勢・態度	向上心がある 積極的 楽観的 探究心・冒険心に富む リスクやチャレンジを恐れない 好奇心旺盛
4　感情移入	目的意識（何のための学習） 価値（それに自分が重きを置いているか） 意味の認識（学習が自己形成や将来にもたらす意味） 好み（学習内容と自分の好みが一致する） 気持ちの高揚と肯定（これが好き、絶対欲しい、なにがなんでもやってみたい、できるんだ自分は、自分にはこれが必要、マスターするぞ、絶対夢を叶えるぞ、社会の役に立ちたい、世界を変えたいなどの自分への呼びかけ）

家庭内での不和は、勉学への意欲を殺《そ》ぐだけでなく、頭痛や腰痛、腹痛や胸の苦しさ、背中の痛みなど、身体の反応となって現れてきます。親子の会話が回復したり、お祖母《ばあ》さんとお母さんとの関係が改善したりすると、いつの間にか痛みを訴えることがなくなっています。

同じことは、日本で同じ家に暮らす親子にもあてはまり、親からの温かな支援は、子どもの根本を支えます。なぜならば、それが人間の存在の軸となっているものだからです。その他のやる気の要素は、すべてその上に乗っているものです。

留学の成果を決定付ける4つの柱

留学は、ひとつの学習方法であり、人生の一過程ですが、前後が同じ環境での学習の継続から得られるものとは全く違う種類の体験学習であり、時に、生きることに関して根源から揺さぶられるような体験をします。

留学前に自分が置かれている空間や環境は、好むと好まざるにかかわらず、また意識するとしないにかかわらず、自分が生まれた時から、徐々に形作られてきたものです。親があり、家族がいて、親戚があり、友達があり、幼稚園に行き、小学校に行き、中学校に行き、徐々に、自然にまた同時に意図的に作られてきたものであり、今の自分を囲む生活の全容となっています。その中での反発やいやだと思うものはあったとしても、それが自分の生活圏です。

そのすべてが当たり前だった状態から旅立ち、それまであまりにも当たり前でその存在すら意識しなかったものが、ほぼ全面的に失われた時の激震は、人間が誕生後に直撃されるものと同じくらいに大きなものです。生まれたばかりの子どもは、呼吸の仕方、乳の飲み方、自分の快・不快を伝えるための泣き方を即座に覚えなければなりません。いずれも生死に直結します。

留学もそれと同じです。周囲のすべてがそれまで慣れていたものとは異なります。幸いにも、それまでの生活の積み重ねがあり、知識や知性を持っているので、生死には直結しないものの、それでも実際には大きな衝撃で、心理的な影響は計り知れなく大きなものです。それに対応し、乗り越え、まったく新しいものを手に入れる過程で得るものは、同じ環境の中で生活し続けることから得る成長とは全く異なるものとなります。

サバイバルだけに終わるのではなく、また遊学で終わってしまうのではなく、留学で大きな成果を確実に得るためには、４つの条件が整うことが大事です。

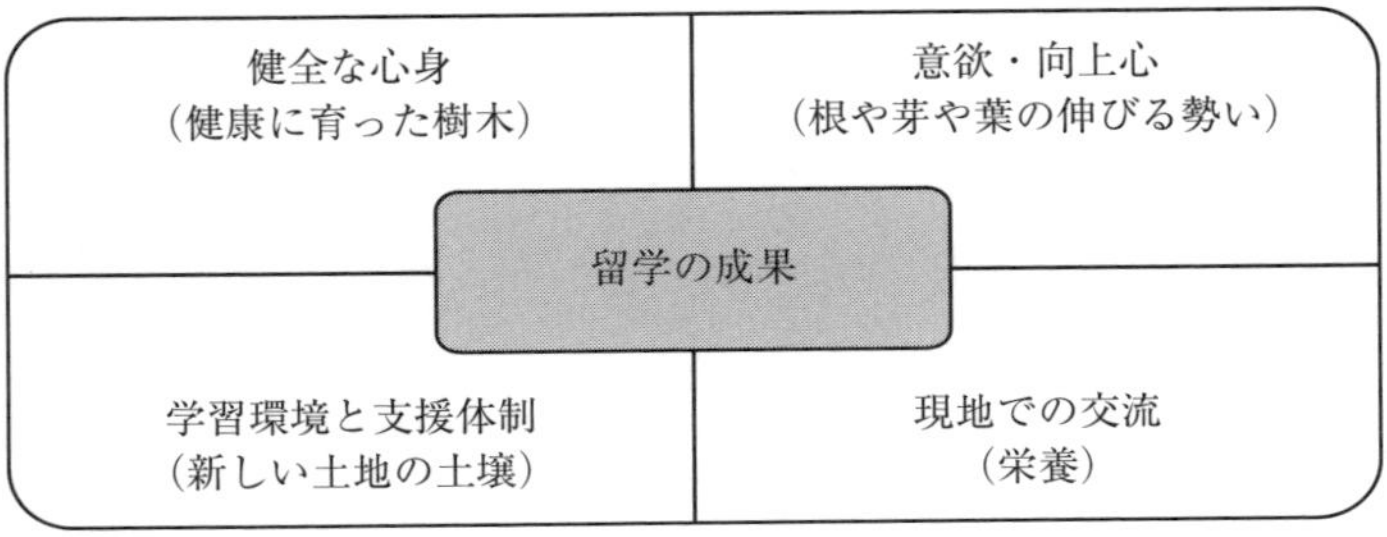

4つの柱

樹木に譬《たと》えてみます。外国に出るということは、それまで育っていた土壌（環境）から根こそぎはがれて、別の土壌に移され、別の自然環境に曝《さら》されるということです。それまでの土壌から得た栄養分を土台に、新しい土壌で根を張らなければなりません。新しい土壌の栄養分を吸収できるだけの資質がないと、樹木は枯れてしまいます。すでにたくさんの根を持っている健全な樹木として育っていることが絶対条件です。

違う土壌で新しい栄養分を吸い取って成長を続けていくためには、根や枝が先に先にと伸びる勢いが必要です。それが、生徒一人ひとりが持つ向上心、探究心、好奇心、冒険心、やる気、努力などの気持ちや姿勢に相当するものです。学習意欲と健全な学習能力を持ち、多少のことでは挫折しない頑強さを持っていたら、根はどんどん伸びます。幹がスカスカだったり、根に勢いがないと、土壌がよくても、肥料がよくても、樹木に栄養は届きません。立ってはいるかもしれませんが、栄養分の吸収は限られたものとなります。

土壌は、どうでしょうか。土壌に相当するものは、新しい土地の環境です。文化や社会風習、学校の授業内容やそこにある支援体制と内容、寄宿舎やホームステイ先の環境、周りの環境、安全性など、留学を最善のものとする環境があるかどうか。その土壌が悪ければ、樹木は健全には育ちません。毒のある土壌ならば、毒が樹木の中に入ってしまいます。危険があれば、樹木の存在そのものに影響します。学習する内容が留学生に大きな恩恵のあるものであれば、栄養は自然に付いていきます。

新しい地で出会う人々との交流が、水や太陽など滋養となる豊かな恵みです。そこですばらしい出会いがあり、学校行事や地域社会での活動などを通して多くの活動ができれば、広い視野や様々に異なる価値観に触れ、心豊かな、そして、楽しい日々を過ごすことができます。

日々冒険があり、日々挑戦があり、日々新たな体験を積みます。そして、日々、新しい学びがあります。だから、留学で大きく成長するのです。特に、高校生の年齢の場合には、その成長は計り知れなく大きなものです。

留学に行ったら、人が変わってしまうのではないか、「留学くずれ」とか「外国かぶれ」と呼ばれるように乱れてしまうのではないかと心配する向きもあるようです。元々育った樹木の幹も張った根も、本来は、その根本の部分が変わるわけではありません。しっかりとした倫理観や価値観がすでに樹木の中に注入されていたら、新しい価値観に触れても、高校生の年齢ならば、その善悪、価値を見極められる判断力を持っています。

しかしながら、樹木の中身がスカスカだと、どのような誘惑でも簡単に惑わされ、肝心な学習を習得しないまま終わることもありえます。だからこそ、健全な樹木として育ってきていること、プラス、新しい環境が健全なものであることが決定的に重要な条件となります。健全に育っている幹はそう簡単に汚染されるものではなく、健全な土壌と環境での留学は、それまでに培われたものを土台に、新しい栄養を得て、さらなる成長が付け加えられるものです。

語学力

留学する先の国の公用語（本書の場合は、英語）に精通している度合いが高ければ高いほど、留学中の学習のクオリティが高くなることは言うまでもありません。高い語学力があれば、4領域（読む、聞く、書く、話す）においてさらに高い技術を磨けると同時に、英語を通して他の知識をより多く吸収することができます。英語力があれば、学習する科目をより深く理解することができ、高い評価を得ることが可能となります。

英語力が高ければ高いほど、学習の選択肢は広がり、学習することの理解度が高まり、それ故に学習したことの応用範囲が広がり、高い成果に結びつく可能性は無限に大きくなります。それが留学後の選択肢を広げることにも結びつきます。

ところが、英語力があれば新しく出会う人々との交流も盛んになるかというと、必ずしもそうではありません。英語力があれば、人々の言っていることが理解でき、会話の内容に比較的らくに入れそうなのですが、会話が弾むかどうかは、むしろ性格と普段からの周囲の人々との接触パターンがより関連しています。

英語力がそれほどなくても、すぐに現地の友達を作り、ホストファミリーの中に上手に溶け込み、とてもかわいがられる生徒たちがいる一方で、極めて高い英語力を持っているのに、そして、関心のある話題なら滔々《とうとう》とそれについて語ることができるのに、何度誘いかけても、ちっとも会話に乗ってこないとホストが嘆く場合もあります。

通常の人々との会話の中で、何をどのように話していいのかわからないということが主な原因なのですが、そうした会話は意味のないものと高《たか》を括《くく》り、高みから見下ろすような態度を持つ場合には、表面的な交遊はあっても、心の通い合う人間関係を作ることは難しくなります。

日本で文法、文法と言われてきた生徒たちは、間違いを気にしすぎて、なかなか英語を口にすることができないケースもよくあります。中には、紙の試験では好成績を収めるのに、実際の会話では話しかけられるのを待つだけで自ら進んで話すまでに数ヶ月かかる例もあります。留学の最後の最後まで、話しかけられるのを待つだけだったという例もあります。

逆に、言葉をつなげるだけの基礎的な英語力さえないのに、文法などにおかまいなく現地の人々の輪に飛び込み、そこから十代の若者たちがよく使う表現を速いスピードで自分のものとしていく生徒もいます。そこには楽しい刺激がたくさんあるので、学びに勢いがつきます。

こうした中に「コミュニケーション」の本質を見ることができます。

英語力を伸ばすことは優先であるものの、留学中の交流パターンを支配し、結果として留学全般の成果の幅を広げるのは、日本での普段の生活パターンです。どれだけ周囲の人々と交流し、言葉を交わし、社会生活の中に身を置き、どれだけ自分の交遊の輪を広げているか、といったことがそのまま留学先での生活にも出てきます。

基礎的な学習能力

留学する基礎ができているかいないかによって、留学での進歩の段階に大きな違いが出てきます。基礎のできている生徒は、即座に学習体制に入ることができ、自分の世界をどんどん広げていきます。基礎のできていない生徒は、学習の仕方を習得し、学習する意欲を持つようになるまでに何ヶ月もの時を要します。何ヶ月どころか、それだけに1年かかってしまう場合もあります。この事実は、学習に向かう基本的な姿勢は、高校生の年齢になってからではなかなか身に付け難いものであるということを意味します。

　小学校の低学年の子どもたちのけじめのない「自由奔放さ」に苦労する先生がたの話を聞くと、基礎的な学習姿勢は、小学校にあがる前にすでに培われているものなのだという感を免《まぬか》れません。

　留学生の場合、基礎ができている生徒は、初日から次の段階へのステップを踏みます。基礎のできていない生徒は、次のステップを踏む前に、何年も前に学んでおかなければならなかったことに逆戻りしなければなりません。

学習姿勢と成果は比例します。高校生ともなれば、学習するという姿勢には、

・時間の管理
・欲望の抑制
・学習教材の管理や整理
・優先事項が選択できる自己規制力
・集中力や記録力
・学習の目的の認識や自分の人生との関連性の理解
・進歩の度合が感じられること
・コミュニケーション能力
・自己に対する評価
・自分の能力を開拓する意欲

など様々なことが含まれます。

日本の学校のように与えられるものを確実にやりさえすればいいというのとは違い、留学生には自ら出るという姿勢が求められます。

○基礎ができている
生徒

充実した留学生活
知識の広がり
独自の研究
国際的なセンス
自己啓蒙
世界を眺める視野
留学先の国の文化や世界に関する知識
柔軟な考え方
人間関係の広がり
地域社会への参加
英語力の強化

基礎力

○基礎ができていない
生徒

学習の仕方を学ばなければならない
学習への意欲を掻き立てられなければならない
目標を設定することを学ばなければならない
自己管理を学ばなければならない
社会生活のルールを学ばなければならない
常識を学ばなければならない
言葉遣いを改めなければならない
基本的な礼儀を学ばなければならない

基礎力のあるなしでの違い

学習をきちんとこなす習慣が付いていて、効果的な方法を充当できる能力を培っているかどうかは、そこで初めて露《あらわ》に見えてきます。培っていれば、留学して環境が変わり、基本言語が変わっても、その習慣はもうすでに身に付いていて変わるものではないので、成果は約束されています。その姿勢は、留学に限らず、人生全体に生涯役立つものです。

一方、日本において、きちんとした学習姿勢が習慣になっていない、身に付いていない生徒は、そばで後押しする人がいなければ、たちまちにして崩れていきます。最初の緊張とやるぞという気持ちの高揚は付け焼刃《やきば》であり、短時間で留学前の怠惰でやる気のない姿勢に支配されるようになります。実際に、どうしていいかわからないということが多すぎるのでしょう。新しい環境の中では、それが如実に見えてしまいます。

気持ちを新たにして取り組んでも、基本的姿勢ができていなければ、言語が違って理解できないことがたくさんあるところではなおさらのこと。授業の中の指示語さえも理解できず、何をしていいのかわからない。助けてもらおうと思っても、何を質問していいかすらわからない、とお手上げの状態になります。宿題が出てもやり方や内容がわからないからできない。そうなれば、新しい環境においてもやる気をなくすのは時間の問題です。

おまけに留学中には、楽しいことの誘惑がたくさんあります。勉強を優先して自分を上手にコントロールしないと、あっという間に、学校の学習はついていけなくなります。勉強しなきゃ、と思えば思うほどプレッシャーがかかり、焦るうちに、次第にやる気が失せる結果となります。

わからなくても地道に着実に学習を続けるという姿勢は、言語学習というすぐに結果が出ないものにおいては特に必要とされます。その姿勢を養うのは、小中学校、強いて言えば、その前の段階です。おとなしく机に座ることをしつけるのではなく、物事に興味を持ち、学ぶことに関心や面白さを見出せる姿勢を身に付けさせることが大人の役目です。高校になってからでは遅過ぎるのは明白です。

英語の力がない生徒は、概して、国語としての日本語の力があまりありません。おそらく学習の基本を学び損ねたということなのでしょうが、その結果当然のことながら自信がなく、学習する意欲も乏しく、またどう学習すればいいのかわからないと言います。

「進んで学習する」という姿勢を自分のものとし、「学習が楽しい」と感じるようになるまでには、早くても半年、1年経ってようやくその姿勢を身に付けられる場合もあれば、1年では足りない場合もあります。仮に歩みと進歩があったとしても、それは遅々としたもので、効果的な学習方法とそれから得られる成果とはほど遠いものとなります。

一般には、留学しただけで英語が上手になると思われている向きがあるようですが、英語圏に30年暮らしても、その必要がなければ、言葉なんて覚えません。学ぶ目的があり、学びたいという意欲があり、そして、努力があって初めて実ることとです。そこそこの日常会話なら、現地の人々と混じっていれば覚えるでしょうが、将来、大学での学問やその後の仕事や研究が英語でできるための土台を作るには、それなりの勉強を要します。

確実に言えることは、生活習慣を改め、学習に対する基本姿勢を身に付けていくカーブと学習の成果のカーブが比例するということです。元々持って生まれた能力の差は別として、通常の知能をそなえた生徒であれば、普段の生活習慣や自分に対する考え方を変えるだけで、学習に大きな進歩と成果をあらわすことができるというのが、ここ20年間留学生を観察してきた結果として言えることです。

目的を意識した選択

英語が上手になる生徒たちを見ていると、まずやっていることに集中できる、そして、目標を設定し、それに向かって計画的な時間配分ができる生徒たちだと言えます。中にはただがむしゃらに勉強している生徒もいますが、ほとんどがスポーツや音楽活動に従事したり、友達と適当に遊んで楽しむ時間を持っています。余裕を持ちながらも、集中する時には集中し、必要なところで継続的な努力を続けています。何をどう学習し、どこでリラックスし、といった時間の使い方や自分の管理の仕方がうまいのでしょう。そういう生徒の中でもさらにずばぬけて優秀な生徒たちは、抜群の集中力を発揮し、日々の学習に目的意識を持っています。

どの人間にも同様に与えられている時間をどこまで有効に使えるかは、すべて個人の選択の力量と、選択したものにどれだけ深く入り、どれだけの量をこなせるかにかかっています。人間の1日は24時間しかなく、しかもその24時間は選択の連続です。朝目が覚めた瞬間から夜寝るまで、自分の行動を選択し続けています。たいていの人は大方のことを無意識に選択し、自分の周りに起こることに無意識に反応し行動に移します。1日の行動も、習慣に基づいたことを惰性的に繰り返し、そこで起こることに反応して終わるだけの人もいます。逆に、意識的に行動を選択し、1日の自分の時間を計画的に考え、自分の1日をデザインして生活している人もいます。

朝起きた瞬間にどうするかの選択は、一人の人間が生きていく上でその日その日の1日の中で遭遇する何十、もしかしたら何百という選択のたったひとつでしかありません。意識的にせよ、無意識にせよ、その無数の選択の結果が、その人を作っていくわけです。

意識的に建設的な行動選択をしている人は、自分の人生を自分が作りたいものにできる可能性が大きくなります。無意識に自分の周りに起こることに反応しているだけの人は、なんとなくまとまりのない、自分の人生であってそうでないような、何かもの足りないようなものになってしまうかもしれません。間違った選択をした場合には、自分自身の破滅につながります。

生徒たちの学習も全く同じことです。毎日の生活の中の選択が、自分が達成したいことに最終的に結びつく行動の選択を続けていれば、必ずその方向に伸びていきます。一振りで願いが叶う魔法の杖はなくとも、杖を欲しい方向に振り続けたら、夢は叶います。

しかしながら、与えられることに頼る教育の中では、与えられるものを選択するわけではないので、自分が学習の選択をしているという意識は持ちにくく、むしろ、させられている、押し付けられていると感じてしまいがちです。その感覚すらもすでに自分の選択であり、すべてのものの見方、考え方に対しての選択は自分にあることを理解すると、日々の作り方、もっと言えば、自分の人生の作り方が変わってきます。

とは言え、常に自分の行動を意識的に選択するということは、簡単ではありません。自分をどちらの方向に持っていきたいか明確な目的意識があり、優先順位を決めることができ、欲望を抑制する強さがあってできることです。自分の意識をコントロールできる能力がないとできません。EQの使いどころです。

自分を律することができる生徒たちは、きっと小さな時からそういう訓練を毎日の生活の中で受けてきたのだと思います。だからこそ、自分のいろいろな才能を刺激し続け、16歳にして既に秀《ひい》でた能力を発揮しているのでしょう。

自分を律することができない生徒たちは、さあ、変わるぞ、と本気で自分に誓ってきても、選択の優先がわからず、どうしてもその時々の誘惑につられてしまいます。16年の間に訓練されていなかったことを付け焼刃で自己を律しようとするのですから、できなくて当たり前です。しかし、これを改善しない限り、学力の向上は望めません。留学の最初に要求されることは、「自分の生活にけじめをつける」ということです。英語習得以前の問題です。このけじめがきちんとつけられるようになると、自然に学力全体が伸びていきます。

生活にけじめのない生徒たちは、小さな時にそういう訓練を受ける機会がなかったのかもしれません。あるいは、小学校で学ぶべき基本を学び損ねてしまったのかもしれません。

日本の偏差値教育システムに乗り損ね、学習に関心を失い、惰性に陥ってしまったと言う生徒たちもいますが、基本的には、みんな自分を向上させたい、自分を律することを覚えたい、自立したい、自分の生き方を探したいという気持ちをまだ失っていません。でも、どうしていいのかわからないのです。

普段の生活の中では、なかなか訓練を受ける機会はなく、惰性になっている生活習慣を打破することはとても難しいことです。特に、そういう惰性が生徒個人のせいではなく、家族や友達や学校環境の中で生徒を囲む人たちの生活習慣や考え方に左右されているものであれば、なおさらのこと生徒一人の力で変わることはまず不可能です。だからこそ、自分を変える機会を求めて留学してきたという生徒もいます。生徒に真摯な気持ちがあり、それなりの訓練があれば、時間はかかっても自分を律することができるようになっていきます。

自分をうまく律することのできない生徒にとっては、この点が留学の一番意義あることかもしれません。環境を変えることにより、自分のコントロールが利かない部分を切り捨て、自分の中味を直視することができるからです。新しい環境の中では、高校生という若い年代だけに、今まで自分の中に培ってきたものが全部表に出てきます。いやが上にも自分を直視せざるを得なくなります。

そこで、自分の中の惰性の部分を切り捨て、新しい建設的なものに入れ替えていけば、新しい自分を構築することが可能です。自分を律することができる、自分を高めたいと思う心を持っている、そしてそれを実行する意志の強さを持っている、自分のために努力ができる、といったことは、それができるかできないかで、人間としての生き方を大きく変え、長い間には、人間としての中味も生き方も大きく変えていきます。

留学中にこの姿勢を自分のものとした生徒は、それだけで人生の宝を得たと言えます。そこにさらに自分が心から関心を持てるものに遭遇したら、止まることを知らずに走っていきます。英語がうまくなるのも、その結果としてついてくる報酬のひとつです。

ごく少数ですが、このけじめをつけるということが、1年かけてもどうしても学べない生徒がいます。目の前の欲望や気持ちの浮き沈みをコントロールすることができないのです。理屈では充分に理解し、自分もきちんとやりたいと思っても、いざとなると、そして、一人になると、どうしても抑制がきかなくなってしまうといいます。

これは、自分を律する訓練は、16歳になってからでは遅過ぎるということを示しています。実際、本当に too late なのです。当然期待するだけの成果は出せません。能力的に劣る生徒かというと決してそうではなく、非常に高い能力と大きな可能性を持っている若者たちです。一人ひとりを見れば、個性があり、とてもチャーミングな生徒たちです。惜しむらくは、自分の生活にけじめがつけられないために、すべてのことにちゃらんぽらんな結果しか出せないのです。

この子どもたちが、もっと小さな頃に、きちんとした生活習慣を身に付けていたら、どんなにか才能を伸ばすことができたろうにと思うと、惜しい限りです。その生徒個人のためにも、そして、社会全体のためにも。

枠を超越した子どもたち

留学してきて突如、人が変わったように生き生きとし始める子どもたちがいます。中学校や高校での受身の授業方法がおもしろくなく、自分の才能を思うように活かせず、悶々《もんもん》とし、お世辞にも誉められない状況に陥っていたものが、留学によって解放され、能力を刺激される学習方法を見出し、中にしまいこんでいたエネルギーを炸裂《さくれつ》させる場合です。

こういう生徒たちの場合は、劇的な、そして、飛躍的な変化を遂げます。新しい環境が楽しくて楽しくて仕方がないのです。世の中にこんな自由があったのか、こんな勉強方法があったのかとフル回転で、1日24時間では到底足りないと人生を謳歌《おうか》し始めます。こういう若者たちは、システムとか、学校の成績というものにあまり価値を置いていません。彼らには生きていること自体に意味があり、他の人が作った学校という教育システムで、誰かが決めたカリキュラムで、決められたことだけを教わり、テストという名前で他人の物差しで自分を評価されることが馬鹿らしく感じられるのです。

教わったことが、ちっとも実生活に活きてこない、だから、勉強なんかに興味が持てない、でも、親を哀《かな》しませてはいけないから勉強をしようとはするけれど、自分が関心持てるものや方法でなければ、そこに意味を見出すことができないと感じます。大学に行くことがノーム（標準）だとか、他の人がするから自分もしようなんて思わないし、他の人の歩んだ道でなく、自分の道、自分の世界を探したいのです。

社会が作った枠なんてとっくに超越し、自由な世界で本当に自分の力を試してみたい若者たちです。もちろん、学校の成績が良ければ、世の中のシステムの中でハシゴを登りやすいのでしょうが、そんなこと自体にも関心を持っていません。彼らは、概して、礼儀正しく、常識をわきまえ、人にも優しく、気配りもできます。協力できることは喜んでします。物事の企画や運営を任せられると、生き生きとしてすばらしい発想力と推進力を発揮します。彼らは、「自分でもなぜかわからない不思議な自信と力を感じる」とそろって言います。

日本では、ひとつのシステムしか知らず、その中で期待通りに振舞わない、成績をあげる努力をしないと問題視されていたのが、違う世界があることを知り、以前からなんとなく感じていた直感や洞察力やひらめきがビリビリと刺激され、心も身体も跳躍を始めます。

こういう若者たちは、16、17歳にして壮大な理想を抱き、人類全体の福利の在り方を考えたり、社会全体の矛盾点を疑問に思ったり、それに対して自分が何ができるか、どう改革したらいいかなど、考えることの規模がとてつもなく大きく、彼らにあてはめられるような通常の社会の枠はありません。

大人が期待する通常の社会の枠に入れてしまったら、彼らの志気は死んでしまいます。時に必要なガイドラインが与えられていたら、自分が関心を持つものはとことん突き詰めます。自分の道を模索しながら突き進んでいくので、時にはその選択が親や教師を悩ませることがあったり、危険だと思えることもあるでしょう。

でも、それを止めたら、彼らの才能は発揮されなくなります。彼らの生き方に任せることが、いずれ、社会を動かすような大きなことをやり遂げる源泉となります。しかしながら、「普通の生き方」にはまらない子どもの生き方を支援するには、周りの大人は勇気を必要とします。彼らの生き方は、通常、世間が善しとするものではなく、むしろ、親の期待や体裁から外れるもので、将来の結実に信頼を預けるしかないのですから。でも、その信頼こそが、若者の成功を後押しするものとなります。いずれ世界を股にかける活躍をすることでしょう。

インターネットは味方にも敵にもなる

現代に生きる若者たちは、多くの刺激に囲まれています。刺激が多ければ多いほど、刺激に反応する度合いも、取捨選択を迫られる頻度も多くなります。

その最大の味方にもなり敵にもなるものがインターネットです。現在の高校生は、生まれた時からそれが生活の中に存在していた世代です。インターネットのメリットは無限です。しかしながら、iPhone, iPod, iPad あるいはスマートフォンというようなものを自分の手中に収めた今、それを手元から離せなくなってきている若者たちが急増しています。

電磁波が危険であることがわかっていても、睡眠を取る時でさえ枕元にないと落ち着かないという若者。難聴を引き起こす危険性がわかっていても、耳に入れたイヤフォンから周りに音が漏れるほどにボリュームをあげて音楽を聴いている若者。食事中も手から離せない若者。ラインでつながっていたいために、勉強時間どころか睡眠時間までもが減ってきている若者。そんな若者たちがどんどん増えています。

ゲームやYouTubeの動画にはまったり、ラインで友達とのやりとりを何時間も楽しむことを日常化させてしまっている生徒たちは、実際のところ、手元にあったら、「自分の意志で使わないようにするのはとても難しい」と言います。親の注意などは完全に無視。それを何年も続けてしまえば、アディクション（依存症）というよりも、それ以外の時間のすごし方を知らなくなってしまいます。

留学して、夜特定の時間が来たらホストに機器を預け、WiFiが使えない環境にすると、最初は時間の使い方に戸惑ったり、居心地の良い時間をあたかも剥奪《はくだつ》されたかのように感じたりもします。それでも、機器を持たない時間には周りの人々との交流など今まで体験したことのない楽しさや、違う種類の刺激を得られることを実感し、初めて、機器を持たない時間に価値を見出すようになります。

全く違う選択肢や時間の過ごし方があることを知るようになり、目的に合わせバランスの取れた選択ができるようになってきます。

何を選択するかで、その後に続くものが違ってきます。目的に向かって魔法の杖を上手に振り続け、良い選択を継続し続けることができれば、その後の人生で自分ができることの選択肢は無限大に広がっていきます。目標達成を意識しない生活は、流される人生となっていきます。

学生としてすべきことを先にする。それから遊ぶ。この当たり前のことがなんと難しいことか。やる気に満ちている生徒は、自分に言い聞かせる必要もなく、勉学への意欲と学習姿勢を維持します。学ぶことの意義や楽しさを知っているからです。

一方、もともと勉学にそう関心がなく、やる気や努力に欠ける生徒が、意識的に適宜な選択をし続けていくためには、自分に言い聞かせる強い言葉と意志が必要です。それを今まで備えてこなかったからやる気が欠けるのであり、やる気がないから姿勢も伴わない、姿勢がないから結果が出ない、結果が出ないからますますやる気を失うという悪循環から抜け出すのは、実際のところは、本人には至難の業《わざ》であり、周りの大人のムラのない辛抱強いガイダンスが要《い》ります。

これらの姿勢は、留学したから起こったのではなく、普段、日本での生活でもまったく同じことであることは、生徒たちからも保護者からも確認されています。

生活習慣を司《つかさど》る自律心や自制心は、いつ頃培われるのでしょうか。幼稚園児を対象にウォルター・ミシェルによってスタンフォード大学で行われた有名な「マシュマロ実験」では、今マシュマロを食べることを選択した子どものグループと、今食べないで後でご褒美をもらうことを選択した子どものグループでは、その後、大学に入る頃になって学習や生き方に差が出ているとしています。

なぜ、それを選択したかは、年齢、指示の内容の理解、性格など様々なことが関係し、一概に、我慢するという自律や抑制力、あるいは、倍になって戻ってくるという報酬を考えてのことからだとは言いがたいでしょうが、非常に興味深い実験とその後のリサーチです。

幼稚園や小学校の低学年の子どもたちの教室に行くと、その年齢で、すでに落ち着きのある子ども、ない子ども、先生の話をしっかりと聞くことができる子ども、指示に従える子ども、おかまいなく好きなようにする子どもと明確に差が出てきます。ということは、幼稚園にあがる前にその基礎は出来上がっているということになります。

しかしながら、その一方で、子どもは、自分の好きなことを見つけたら、何時間でも集中できることを大人は忘れがちです。それまでにやったことがないことや、先生がしなさいということに興味が湧かなければ、すぐにいやになったり、飽きたり、動き出すのも無理もないことなのですが、今の学校制度が変わらない限り、学校生活や集団生活の中では、がまんしてやってみる、がんばってみることができる姿勢を持っていることが、その後の学習成果に決定的に有利となることは言うまでもありません。特に、集中できるということは、教育制度に関係なく未来への財産です。

ここで決定的に大事なことは、小さな頃から、人の話を聞くという習慣を付けることです。それには、まず親が子どもと一緒にいる時間を作り、子どもに話しかけ、子どもが話すことにしっかりと耳を傾けて、それにきちんと応えることです。

親が忙しい、子どもの言うことにいちいち耳を傾けてなんていられない、遊び相手はテレビや機器、という生活をずっと続け、しかも、親の都合で子どもに対して怒鳴ったり、怒ったりという反応で応えていたら、子どもが親や大人の言うことを聞かなくなってもまったく不思議はありません。大人と話すことに関心を持たなくなります。落ち着きも失います。

小学校、中学校と学校で鍛錬されていくのでしょうが、集中できるかできないかの違いは、すでにその年齢までに確定されてしまっているように思えます。ある程度性格的なものもあるのでしょうが、元気に走り回り、一見、落ち着きがなさそうに見える子どもでも、好きなことに向かったときには、何時間でも集中します。外に向けて発散するエネルギーと何かに集中するエネルギーや関心のバランスが上手に取れるような配慮が周りにあるのでしょう。

ここにも、時間や活動内容や課題への集中など、「けじめ」が環境の中にあるのだと思います。それを逃してしまったら、あとは、注意されたり叱られたりすることの連続となる生活となり、高校生の年齢になってからでは、何に関心があるのかもよくわからず、ましてや関心がないことに集中しようとする意志は長続きしません。

意識的な優先事項の選択の継続ができるかどうかは、高校生の年齢となると、できる生徒、できない生徒と、明確に分かれます。できる生徒は言われるまでもなく自然にそれができます。できない生徒ができるようになるまでは、学習だけでなく生活面全般にわたっていろいろなことの切り替えが要ります。

本人に変わりたい、変えたいという強い願望があれば改善への変化をもたらすことは不可能ではありませんが、すでに惰性となった状態との間を常に振り子のように揺れ動き、振り子を新しい姿勢にできるだけ留めておくには、大きな努力と困難を伴います。
学習に対する目的意識を明確に持っていれば、振り子の揺れはあっても小さいもので済みます。あとは、それを継続できるだけの関心を深め、目標の設定と成就に励むことができれば、高い成果は自ずとついてきます。

恐怖や不安の払拭

どんな人間も恐怖や不安を持っています。恐怖や不安を持たずに人生を送れる人など存在しません。自然の猛威、自然の偉大さに対する畏怖《いふ》、死、毎夜訪れてくる闇の世界、宇宙の神秘など、太古の昔から人間は、自然界に対して畏怖と恐怖を抱いてきています。美しいものに感動が大きければ大きいほど、畏怖する気持ちは大きくなり、時に、恐怖にも駆られます。

平穏な日常の生活の中にも、いろいろな恐怖や不安が存在し、その恐怖や不安のために、自分がしたいと望みながら実行しないままに時を刻んでしまうことが多々あります。そうした不安の根底にあるもののひとつが、人に評価され、ジャッジされることへの恐怖です。自分が理解されないのではないか、受け入れてもらえないのではないかと恐れ、拒絶されないために、嫌われないために、そして、受け入れてもらうために、人間は様々なことをします。

自分を偽《いつわ》ったり、本意に反して他者に同調したり、おべっかを使ったり、自分の価値観を崩壊したり……、優越感をひけらかしたり、劣等感に陥ったり、ナルシストになったり、嫌悪感でいっぱいになったり、人を蹴落としたり、非難したり、責任転嫁《てんか》したり、人や自分をいじめたり……、それをずっと続けて疲弊《ひへい》し切ってしまい、自分が誰かもわからなくなったり、病気にまでなってしまったり……。

自分自身を受け入れてもらうために、病気にまでなってしまうなんて。おかしなことですが、あるのです、こういうことが。そして、いるのです、こういう人々が。たくさん。

この受け入れてもらうための試みは、生まれた時から始まっています。未熟児でインキュベーターの中に入っている赤ちゃんが、スキンシップがたくさんある赤ちゃんと、ない赤ちゃんでは泣き方が違うという観察結果が、イギリスのある病院で行われたという報道がありましたが、母親の反応の仕方でその後の赤ちゃんの反応もいろいろに違ってくるという研究などは、人間が生まれた時から周りの人間とのコミュニケーションの中で存在するものであり、どう受け止められ、その受け止められ方を自分がどう受け止めるかが、自己を形成する大きな柱となっていくことがわかります。

自意識が発達すればするほど、そして、他者との関連性を理解するようになればなるほど、試みの度合いも深さを増していきます。

学校だけでなく、職場でも、PTAの中でも、社宅のアパートでも、巨大なマンション群の中でも、団体や組織があるところでは、何歳になってもこの試みが続きます。小・中学校の年齢の非常に柔らかく繊細な子どもたちの心は、この試みのために、大変な火傷《やけど》を負ってしまうことがあります。そうなると、心は、不安な情動に支配されます。友達だけでなく、親子の関係もそうです。親は愛情を注いでいるつもりでも、子どもが親から疎外されているように感じると、これも、学習は二の次、三の次になります。

高校生が何よりも気を遣うことは、この人間関係の微妙なバランスです。勉強は、その基盤がある程度安定して初めて成りたちます。留学してきても、この状態は続きます。級友との関係、そして、新しく追加されたホストファミリーとの関係の感情的バランスがうまくいって初めて、学習への意欲が湧いてきます。そして、彼らには、もうひとつ解放されなくてはならない意識があります。自分に対する低い自己評価です。

オーストラリアの学校では、期待に達しているかどうかではなく、どれだけ収穫したか、そのための努力をどれだけしたかという視点から評価されます。誰もが同じチャンスを持っています。1日24時間というチャンスです。留学してきた生徒たちも同様に扱われます。それなのに、留学の初めで、すでにハンディのある生徒とない生徒に分かれます。生徒がもっているハンディというのは、まだ、何も始まっていないのに、自分は馬鹿だ、ダメだ、できない、ネクラだと思い込んでしまっていることです。問題がないどころか、大きな可能性に満ちた子どもたちが、そんなふうに信じ込んでしまっているのです。それも、数多くの若者たちが……。なんということでしょう。

留学中の英語学習は、まず、このしがらみ、不安、恐れ、思い込みの解放から始まります。この心の解放がなぜ学習、特に言語学習に必要かというと、その解放があって初めて人とのコミュニケーションが上手に行くからです。そして、英語学習は、特に、「生きた英語」とか、「使える英語」「話せる英語」と呼ばれるCommunicative Englishの習得は、コミュニケーション能力を伸ばすこと、そのものだからです。

そのしがらみからの解放は、学習だけでなく、自分の人生を思い切り生きる自信を持つためには決定的に大事なことです。

ジャマイカ出身の詩人でミュージシャンのマイケル・セント・ジョージは、たまたま訪豪して生徒たちと時間を持った際にこんなことを言いました。

Fight Your Fears or Die.――怖がって本当にしたいことができないのだったら、死んだのも同然。本当に自分の人生を生きたいのなら、思い切ってやってみるしかない――と。

国を飛び出してくるような若者たちでさえも、これほどの不安や恐怖を抱えているのであれば、日本で不登校やいじめやひきこもりで苦しむ子どもたちは、一体どれほどの不安や恐れや思い込みを自分の中に閉じ込めてしまっているのでしょう。周りのもっとも近い大人との自由なコミュニケーションがあれば、その不安は恐れるに足らないものだということを教わり、払拭《ふっしょく》する機会を持てます。しかし、そこに至っているということは、その身近な接触やコミュニケーションの線がどこかで途切れてしまっているからです。

親子とはいえ、一度なくなってしまったコミュニケーションを中学や高校になってから取り戻すのは極めて難しいことであり、しばらく反応がないことを覚悟で、毎日一緒に過ごす時間を作り、小さな会話から硬くなった糸を解きほぐしていくしかありません。それには、大人の忍耐と優しさが求められます。子どもに媚《こ》びるのではなく、機嫌を取るのでもなく、イライラするのでもなく、互いの心に沁《し》みていく言葉と愛情のみが子どもの心を再び開かせるものとなります。大人が学ぶ機会でもあります。

留学で違う環境に置かれたことで、そうした不安は一挙に表面化します。それを認識し向き合うことが、払拭へのチャンスとなり、それができれば、学習結果を怖がることなく、チャレンジに思い切り挑むことができるようになります。

子どもが一人でそれに対処することはとても難しいことですが、優しく導くガイダンスがあり温かく包む環境があれば、子どもたちは大きく勇気づけられ、広い世界に向かって開く扉の鍵を手に入れるでしょう。

新しい学習方法

目的意識がクオリティを生み出す

人生は、選択の連続です。何かを決意し行動する際に、その結末が見えたら、その行動を起こすか起こさないかの選択はらくなのですが、実際のところは、将来を予測して現時点で決定を下していることが人間の営みの中ではほとんどです。将来そうなるだろう、そうしたい、という未来像に賭けているわけです。

賭けであるならば、その結果を吉とするために、情報収集や準備や計画に最善を尽くす人もいれば、そんなのは面倒、エイヤーッと飛び込む人もいます。勘を信じて見切り発車をする人もいます。結果良ければすべて良しなのですが、最善を尽くしても結果を伴うとは限らないし、ろくな準備をしなくても大成功を収める人もいます。結果は、確かに大事です。でも、運に左右されることだってあります。

大事なことは、過程において、自分の最善を尽くせるかどうかです。それには、あたりはずれがありません。なぜなら、自分の意志で、自分がコントロールできることだからです。そして、結果がどうであれ、自分が最善を尽くしたことであれば十分に納得がいき、誇りが持てます。

高校留学は、とてつもなく大きな賭けです。でも、その賭けは、それなりの準備をして、その渦中《かちゅう》で自己の最善を尽くしたら、必ず大吉が出ることがわかっている賭けです。グローバルな世界の未来を歩む最短距離の道です。しかしながら、そこから得たものが、人生のどの時点でどのような過程を通して、どのように出てくるかは、16歳の時点ではまだ夢に向かう未知数であり、その後の人生における「選択」に任されることです。

成功に続く道への入り口は、まず、その大きな賭けの目的が何であるかを考えるところから始まります。

Q1　留学する目的は何か。
Q2　どんなことを達成したいか。
Q3　目的や達成したいことを成就するために、どのように自分の生活を整えているか。

これらの答えが、留学生活のクオリティを決定するものとなり、吉と出せるかどうかの決め手となります。

しっかりとした目的がある留学は、手ごたえのある内容となり、努力の継続ができ、結果は良いものとなります。なぜ留学するのか、何を得たいのかを真剣に考え取り組むことで、計り知れなく大きな恩恵を得るものとなります。

日本が経済大国となる前には、海外への留学は狭き門でした。厳しい競争と選別を潜《くぐ》り抜けた極めて限られた数の若者だけの特別な道であり、選ばれた人々は、学問の上でも礼儀の上でも社会的常識の上でも文化人として申し分のない人々でした。そして、留学から持ち帰る知的財産もそれに見合ったすばらしく大きなものだったことでしょう。

経済が豊かになるにつれ、留学という門戸がより多くの若者に開かれ、より多くの人々が日本ではできない生活や学習を体験する機会に恵まれ、そこで得られた豊かな知識や技術が大学や会社や一般社会においてより反映され、多くの若者たちがそこから開いた新しい世界でより広い活躍の場を得ることができるようになりました。

一方で、経済的な余裕があることのみが留学できる条件となると、将来への志や大きな理想を持たず、留学に対する心構えもないままに海外に出てしまうケースも多くなります。礼儀を欠き、学習をこなすことができない若者の数が増えれば増えるほど、海外において起こる問題も多くなる危険性をはらんでいます。

現地で留学生の支援をする人々の苦労が増え、日本人に対する評判を落とすことになるだけでなく、留学した本人の収穫は本来得られるものからはほど遠いものに終わります。ひどい場合には、未来の芽が毟《むし》り取られてしまうことになりかねません。だからこそ、目的が何であるかが重要であり、健全な心身を培っていることが基本なのです。

新たなパラダイムの誕生

いずれの国にもその国独自の教育制度が存在します。文化の長い歴史の中で生まれてきた制度もあれば、よその国や他の文化から導入されたものや強い文明から押し付けられたものもあります。生まれた国の制度の中で子どもたちは教育を受け、知識を付け、技術を磨き、やがて自立し、働くことで社会に貢献するようになっていきます。学校で得られないものは、学校以外の場所で。その国で得られないものは、よその国で得ようとします。

富んだ国では教育にも力が入ります。しかしながら、教育の内容は時代の要請や為政者《いせいしゃ》の考え方や時の社会風潮などによって様々に変わります。それに応えて子どもや若者たちは純粋に学ぼうとし、競い、生徒個々が持つ資質が教育システムに合う合わないに関係なく、またその制度の良し悪しも関係なく、その中で優劣が決められていきます。

そのシステムの中で優れた成績を残せば、その後に続く機関を選べる選択肢が広がり、いろいろなことができる自由も大きくなります。優れた数値が出なければ、システムが支配する世界においての可能性は、限りなく小さくなっていきます。でも、それは、ひとつの世界での扉が閉じられたら、全く違う世界に続く扉を開ける機会になることが、そこから飛び出したら見えてきます。

留学は、ひとつの学習方法であり、人生の一過程ですが、国が変われば教育システムも大きく変わります。前後が同様の学習システムの過程を通る学習と、そこから別のシステムに飛び出した際の学習と成長は、まったく異なったものとなります。その理由は、根源から揺さぶられる体験が何度もあることと、それまであまり体験したことがない新しい学習方法により、それまで使っていない、そして、発達させてこなかった学習機能が刺激され、新たな目覚めを起こすからです。

Rote（ロート）という言葉があります。これは、ひたすら繰り返すことで記憶し、その記憶をテストされ、記憶の積み上げが知識として重宝される学習方法です。東南アジアの多くの国々、そして、日本の教育現場において中心的に用いられている方法です。集団が同様に学習し、社会全体が均一の知識を持ち、全体の知識レベルを高める方法です。定まった方法と範囲と予測できる道を進む学習では、着実に確実に積み重ねていく成長に重要性が置かれます。静かにおとなしく、言われたことを言われた方法で積み上げ、テスト結果が良いことが「良い生徒」と評価されます。この方法での学習を得意とする子どもたちは、このシステムの中で大きく伸びます。

一方、例外もありましょうが、アメリカやオーストラリアの教育が一般的に力を入れ特徴となっているものは、応用、実践、創造性、問題解決能力、分析力、論理的思考、多角的視野と思考、批判的・建設的思考、自主性、自立性、学習の自己責任、独創性、革新性、画期性、柔軟性、適応性等々です。

与えられる知識以外に、自由な発想の表現や意見、どうやって自らさらなる知識やひらめきを求めるのか、得た知識をどう使うのか、原因と結果の関連を分析し問題を解決するのか、革新的なアイディアを生み出すには、といった面に重点が置かれます。これらは、みな、個人の資質を磨き、個人のより高度な技術や才能を磨こうとするものです。

ロート方式で教育された日本人の高校生が「個」を刺激する教育システムの中に置かれると、興味深いことがいろいろ起こります。日本で授業が退屈で仕方がなかったり、意見

学習における一般的基本姿勢の違い

日本の高等学校	オーストラリアのハイスクール
・学習は与えられるもの ・学習は教える先生の責任 ・画一で緻密な知識の積み上げ ・先生は絶対の権限を持った人（上から下への伝達・指導・教授） ・授業の主役は先生 ・指示があるまで待つ ・わからなければ沈黙を保つ ・できるまで練習を積む	・学習は自ら取りにいくもの ・学習は生徒の責任 ・個々の資質を伸ばす ・教師は生徒の学習を上手に調整する立場（上から下への伝達ではなく共同作業） ・授業の主役は生徒 ・指示が無くても自ら求めて動く ・わからなければ授業中に答えを求める ・できなければヘルプを求める

を言いたくて仕方がないのに先生に制されたり、思ったことを口に出して叱られたり、持っている能力を十分に開拓できないでいた生徒たちが、こうした新しい環境の中で才能を発揮し、大きな花を開かせることが毎年たくさんあります。その子どもたちには、こうした実践と自由な表現が重視される教育方法が合うからです。

では、ロート方式で上手に学習してきた生徒が新しい学習方法では花開かないのかというと、決してそうではありません。その生徒たちに必要とされるのは、予測できる安全を捨て、新しいものに体当たりし、知らないものを受け止めてみる勇気を持つことであり、新たな土壌での新たな栄養を滋養とし、それまで着実に築いてきたものの上にさらなる見事な花を咲かせます。

こうした全く違う教育理念、教育システム、価値観の中で、今まで日本で経験・体験して覚えてきたことがそのまま大いに生きるものもあります。矛盾を感じ、ジレンマに陥ることもたくさんあります。感動し、心ときめかすこともあれば、無力を感じ、自信を失うこともあります。達成する喜びを味わうこともあれば、自分の言いたいことも言えず、欲求不満にカリカリすることもあります。新しい家族に囲まれ心暖まる時もあれば、孤独感に涙を流すこともあります。

自分のへたな英語を笑われて傷つくこともあれば、自分が持っていないものを持っている人をうらやましく思うこともあります。ホームシックにかかり、何も手につかないこともあります。一つひとつ自分の目的が成就していく充実感を覚え、自分を誇りに思うこともあれば、進歩が見えない焦りを感じることもあります。そうした体験のすべてが自分を富ませるものです。

高校生という年齢で、違うものに価値を置くふたつの教育システムの中で教育が受けられるのは、真に幸運なことです。どちらの教育制度のほうが優れているとか劣っているとという比較ではなく、両方の制度と内容を自分のものとすることによって、得るものは無限大に広がり、その後の自分の人生の作り方は、留学の前と後とでは別人のごとく違い、大きな挑戦を試みることができるようになります。

特に、日本の緻密な知識の積み重ねを尊重する教育で受けたものを土台とし、その上に、高校生という柔らかな感性でもって、個々の資質の開発と自由な「伸び」に価値を置く教育を通して培う付加価値は、将来に向けて計り知れない財産となるものです。

最初はあまりの違いに戸惑い、驚き、動きが取れなくても、人生における体験と学習方法の幅が大きく広がり、逞しく成長していきます。まったく違うパラダイムを掛け合わせた世界を体験し、そこで新しい付加価値を得て新たに誕生してくる若者たちは、どちらか片方だけのパラダイムよりも、さらに広がりと深さと豊かさを備えた、彼ら独自のパラダイムを持つことになります。それが具体的にどんなパラダイムなのかは、測る一般的な物差しがないゆえに、体験した若者たちにしかわかりません。しかし、それが極めて独自のものであり、彼らの世界を大きく広げるものであることは、彼ら自身が身をもって理解しているものです。

どのようにどれだけ認識しているかはそれぞれ個人に帰するものとしても、その独自のパラダイムを持った若者たちは、それを土台に、未来社会を眺め、世界を眺め、自分が活躍する舞台を選び、そこからどのように貢献していくのかを考えていきます。この新たなパラダイムの誕生こそが、留学の成果です。

受身から能動に

留学した生徒がすぐに直面する困難は、学習の仕方の違いです。

日本では、教科書に沿って先生の授業に耳を傾け、黒板の文字を写し、先生の質問に正確に答え、予習・復習する生徒が良い生徒とみなされます。知識を与えられ、それを習い、覚え、記憶し、その記憶を測るためのテストをします。そのテストの点数が良ければ、学力が高いと評価されます。実習科目も、自分のデザインや発想で何かを作り出すということよりも、定型のモデルをどれだけ正確に再現できるかが問われます。

先生の指示通りに動き、与えられたものを確実にこなすことが生徒に一番求められていることです。同質のものを均一に学習し、その積み上げが、学力や成果となります。

一方、オーストラリアでは、知識の積み重ねはもちろん重要ですが、むしろ、それをどう使うかということに軸が置かれています。発言し、質問し、ディスカッションに参加し、自分の考えを述べ、積極的に先生や他の生徒たちと意見交換することが求められます。最初の頃は、授業の勢いとうるささに圧倒されます。

「オーストラリアの授業がうるさくて、なんて秩序のない授業だと最初は思っていたけれど、言葉が徐々にわかってきたら、実は、先生の言葉に生徒が自在に自分の意見をぶつけたり、生徒の意見にまた別の生徒が意見をぶつけていたのだとわかり、とても驚いた」とある生徒がコメントしています。時には、自分たちが研究したことを元に、生徒たちが授業を展開することもあります。自分の見解や意見や考え方を表明することが大事であり、創意や独創性が求められ、自主的な学習姿勢を持つ生徒が良い生徒とされます。

この違いに慣れるのは簡単ではありません。教育がめざす最終目的が違う上に、授業で求められる姿勢も違う、さらに、言語の壁があるとなれば、三重苦を背負うこととなり、その中で秀でることはさらに難しくなります。

最初は、大きな戸惑いとして受け止めても、しばらくすると、こんな方法もあるのだという新鮮な発見として、そして、徐々に、学習がこんなに楽しいものなのだという喜びとして多くの感動を味わい始めると、新しい方法に全面的に飛び込み、そのメリットを満身で享受《きょうじゅ》する生徒たちが出てきます。元々日本の教育制度で優れた学習姿勢と能力を持っていた生徒であれば、新しいやり方を取り入れ実践し始めると、1年というわずかな期間で、英語を母語とする子どもたちと競合しながら、科目によってはクラスのトップに躍りだす生徒たちもいます。稀《まれ》なことではありません。

一方で、この新しい学習方法の中では、手も足も出ない生徒も出てきます。英語力の問題だけではありません。人生体験が少ない上に、指示通りに動くことだけを学習してきたので、マニュアルが存在しない分野では、どうすればいいのかまったくわからないのです。枠や役割が与えられ、動きを割り当てられると、すばらしい結果を出します。完璧にやりこなします。でも、いったんその枠がなくなった瞬間に、自主的に動くことができず、手持ち無沙汰になり、時間と空間をどう使っていいのかわからないのです。

自分を活かす、活かしてもらえる留学の本来の意義と醍醐味《だいごみ》を体験するところに到達できないまま留学の期間を終えてしまうことになります。学習戦線から脱落し、自分の殻に閉じこもり、無為な時間を過ごし、時には良からぬ遊びに走ってしまえば、留学が遊学と言われてしまうようなことになってしまいます。

だからこそ、留学する強い動機があり、向学心に燃え、簡単には挫折しない精神を持ち、この時間が自分の人生を創る恐ろしく大切な時間なのだと意識でき、新しいことに挑戦していく意気込みを持っていることが本当に大事になるのです。また、留学中の学習を支える支援体制が周りにあることが如何《いか》に大事かは、言うまでもありません。

集団から個へ

オーストラリアの教育は、個をどのように伸ばすか、個にどのような資質を培うか、に軸があります。

できるだけ集団から外れないように隣と同じように行動し、でも、その中で、個々の成績をあげることに力を注いできた子どもたちは、「自分でいていい」「自分は人と違って当たり前」「自分を確立せよ」という概念そのものに面食らいます。

学習そのものよりも、まずは、「自分のアイデンティティ」に目を向け、自分が誰なのかを知る過程を突きつけられ、自分の夢は、自分の人生の目的は、自分が求めているのは何か、自分の使命は、など自分の生き方、生きる目的をいろいろ考えることになります。そして、何のための学習か、どうすればいい学習ができるのか、といったことを考え始め、自分に適した学習方法を見つけることから入っていきます。

ある生徒が、「英語を本当にがんばって勉強しているのに、なかなか使えるようにならないし、自分の努力の結果はテストに出ない。どうやって勉強したらいいか?」と質問してきたことがあります。この質問をすること自体、すでに、この生徒は進歩への道を一歩踏み出したことを意味します。懸命に勉強しているのが結果に反映されないというのであれば、やり方の効率が悪い、的を射ていないということです。ピアノが上手になりたいのに、バイオリンを必死で練習しているようなものです。

英語を第二言語（ＥＳＬ）として教えている先生たちがよくアドバイスするのは、効果的な学習方法は生徒によって違うけれど、基本的にみなが必要とするのは、聞く、読む、書く、話す、の４つの分野を積極的に取り入れ、与えられた課題、枠の中に留まるのではなく、そこから出て、自分を大いに使って鍛えよ、というものです。

具体的には、その４つの分野を活用するために、どんどん自分で生活範囲を広げ、活動範囲を広げ、自ら表に飛び出し、人々との交流を求め、本を読み、テレビを見、メモを取り、自分の感想を述べ、意見交換をし、人々の会話に混じり、自らも積極的に情報を提供し、英語の音楽を聴き、リリックをメロディーとともに覚え、理解し使い、エッセイやジャーナルを書くなど、すべて応用と実践です。

質問してきた生徒の場合には、読んで覚えるというRote（ロート）の部分で留まっていました。英語圏の国で暮らし、ホストファミリーと一緒にいても、その生徒にとっての「勉強と学習」は、机に向かって紙にあるものを読んで覚えるということのみで、折あるごとに与えられている上記のようなアドバイスは、ほとんど何も実践されていませんでした。勉強とはこうするものという既成概念とそれまでの習慣から抜け出し、新しい学習のパターンを自分の中に生み出すことが如何に難しいかを物語るものです。

英語に限らず、オーストラリアの学校でテストされるものは、語彙《ごい》やフレーズのように覚えた知識もありますが、それはごくわずかの部分であって、あとは、知識の応用です。だから、読んで覚えたものが反映されるのは限られた部分しかないので、テストの結果が自分の時間の注入を反映するものでない、と感じるのは無理のないことです。

枠から一歩出たらどうしていいかわからない、動けない、というのは、実は、この生徒だけの問題ではなく、多くの日本人生徒が持つ特性です。自ら、どうしたらもっと上手になるかと、アドバイスを求めてきたこの生徒は、この時点で意識変革し、試行錯誤をしながらも、その後、大きく変わっていきました。覚えなきゃ、覚えなきゃ、というプレッシャーから解放され、言語を使って学ぶことの楽しさを体いっぱいに感じることができるようになり、それまで積み上げてきたものが、少しずつ、そして、やがて生き生きと表出されるようになりました。

これとは逆のパターンもとても興味深いものです。日本では、あまり勉強が好きではなく、たびたびおしゃべりを叱られたり、元気が良すぎて問題行動があったりした生徒が、独自性、独創性を活かす環境の中で、初めて「自由」と「学習の楽しさ」を感じるパターンです。枠が非常に緩《ゆる》いところで、いろいろと自分を試せるという新しい刺激に生き甲斐を感じ、新しい友達作り、ホストファミリーとの様々な掛け合いなどを楽しむことから、徐々に、教室内での学習にも関心を持ち始めます。学習面で相当な遅れがあることに気づき、マイナス出発の自分をどうしたらプラスに転じられるかと真剣な努力をするようになります。

留学の利点は、シナリオがないことです。シナリオがないからこそ、そこに自分が自由に絵を描いていける空間がたくさんあるのですが、シナリオがないから動けないということになると、目の前にある自分を活かす機会をただただ見過ごしてしまうことになります。シナリオのない空間を、自分はどんな色で、どんな形で塗っていくのか。その感覚を学習の中に見出すと、自然にもっと学びたくなっていきます。

子どもたちはみな学びたいのです。学びが大好きです。でも、その楽しさを小中学校のどこかで失ってしまうと、学ぶことが億劫《おっくう》になってしまったり、結果を突きつけられるのが恐怖となったり、自暴自棄の状態から抜け出すことが難しくなります。留学の醍醐味は、学びの楽しさを体感しながら自分の世界を深めたり広げたりできることにあります。

Critical Thinking

知識の積み重ねは、オーストラリアの学習においてももちろん大事です。基本的な知識がなければ考えることができません。違いは、その後です。得た知識をどう使い、どう応用するか、選択肢はどのくらいあるのか、決定はどういう基準でするのか、先が見えるのか、それは正しいのか、応用の過程に問題はないのか、実地の結果はどうだったのか、失敗ならどこが拙《まず》かったのか、どこで狂ってしまったのか、最初の案のどこに失敗の原因があったのか、もっとベターな応用方法があったのではないか、というようなことをきちんとした基準と方法で考えさせるのが、「Critical Thinking」です。

批判的・建設的思考の仕方とでも訳せばいいのでしょうか。論理的な思考ができる物事の基準や水準設定をし、それに基づいて組み立て、その過程を終始分析し、チェックし、原因と結果をしっかりと考察し、確実な結果に導こうとする過程です。そして、結果が出た際に、観察や考察、体験、反省、根拠となる理由、意見交換などを通じて、その評価が正当にでき、徹底してその原因と結果と過程でのミスやズレを解明する方法です。物事を決定する際の理由付けや問題解決の方法として、また、物事の評価の基準として使われます。

Critical Thinkingという用語自体は、教育の知的レベルを信憑《しんぴょう》性のある高いものにしようと、20世紀の前半からアメリカに起こった動きの中で定義され、教育改革の基盤として広く使われるようになったものです。この考え方そのものは、古代ギリシャの時代からあり、後世ダ・ビンチやミケランジェロも使い、西欧の科学と技術を発展させた基礎であり、現在のアメリカやイギリスを中心としたビジネスのやり方の基本となっているものです。

文化の壁を越え、国際的な知的レベルとして応用できるということで、オーストラリアの教育にも浸透しています。

Critical Thinkingがどういうものかということを知識として学ぶのではなく、Critical Thinkingが日常での考え方として身に付くよう、いろいろな教科や行事の中にその考え方や過程が取り入れられ、問題解決のために利用したり、学習過程を分析したり、結果を基準に沿って評価したりすることで学習の中で応用されています。

例えば数学を例にとると、正しい答えが出ればそれでいいというわけではなく、正解でも、そこに至る過程の説明を求められることがしばしばあります。そして、最終の答えが間違っていても、考え方の道程が正しければ、それに対して相当の評価が与えられます。逆に、答えは正しいのに、その過程を示さないために、正解として認めてもらえない場合もあります。これは、日本人の生徒にとってはあり得ないことです。正解が正解でないなんて、と。

Critical Thinkingを培うためには、観察し分析し考えて自分の意見を持つことが大事、それを表明できることが大事、話し合うことが大事、自分のポイントを相手に理解させることが大事。だから、先生も生徒たちもよく話します。意見を言います。意見を求められます。考えることを強いられます。思考の過程の説明を求められます。

日本から来た留学生は、最初の頃は、これを苦手中の苦手とします。それはそうでしょう、ほとんどの生徒が日本でこんなことをやったことがないのですから。しかも、授業中に解答ではなく、自分の意見を求められる⁉ これほど苦痛に感じることはないようです。自分が特定のことに関して、どんな意見を持っているかもよくわからない。持っていても、そんなことをみんなの前で言うなんて！ 間違ったらどうしよう。何を言ったらいいのかわからない。それも英語でなんて、とんでもない！

あるのは沈黙だけ。これが、何ヶ月も続きます。1年続く生徒もいます。

日本人の生徒の答えは、質問に対しても、単語ひとつかふたつ、たまに文章として何かが表現できたら上出来。それ以上長くなることは滅多にありません。説明が必要なことになると、始めても、たいていは途中で崩れてしまいます。これは英語力だけの問題ではありません。なぜなら、日本語で話していても同じことが起こるからです。書けば、深く掘り下げた思考過程を説明できるのですが、口頭で表明できるようになるまでには、相当な時間を要します。

ようやくなんとか自分の意見が表明できるようになり、その楽しさや重要性を実感するようになって日本に帰国すると、「うるさい！」「生意気だ！」「大人に意見するようになった」「態度が悪い！」とたたかれることがよくあるようです。生徒たちが時折嘆《なげ》いてきます。なんともはや……。

そうしたものの見方を身に付けた価値は、彼らが将来国際的な舞台に立った時に光を放つものなのかもしれません。その土壌のない日本で萎《しぼ》ませてしまうことなく、使い続けて欲しいものです。

点から線へ

留学中の生徒たちからよく耳にする言葉は、「中学校のときにもっと勉強しておけば良かった」「中学の勉強って、そんなに大事だったんだ。今になればそれがわかる」というつぶやきです。それほどに、中学校の学習は、いろいろなことの基礎になります。でも、「しておけば良かった」「もっと知りたい」と思うようになるのは、それがいろいろなところにつながるのだという意味がわかった時です。そのことについて勉強していた時にそれがわかっていたら、もっと関心を注ぐことができたかもしれないということです。

例えば、多くの生徒が嫌いになってしまう数学。私たちの生活は、数学の知識なしには成り立たないだけでなく、数学は、論理的な思考回路も発達させるものだから要るのだとその必要性が唱えられますが、数字と記号だけが並び、そこに概念を乗せる学習内容は、なぜその勉強が必要なのか、どのように役立つかがわからなければ、多くの子どもたちには意味を持たない苦痛の時間になってしまいます。

ある生徒が言っていました。「例えば、『ピタゴラスの定理』を教える時に、その時代のギリシャがどんなだったのか、ピタゴラスがどんな人だったのか、どのようにしてこの定理に至ったのか、そんな話をしてくれたら、数学だけでなく、科学や宇宙や哲学やいろいろなことにも強い関心が持てたと思う。$a^2+b^2=c^2$ だけ教わっても、味も素っ気もなくて、自分に結びつくものがない」と。この生徒は、数学がとても得意だった生徒ですが、点だけ教えるのではなく、線にしていろいろ絡めて教えることが、小学校や中学校の段階で大事であることを強調していました。

現代はあまりにも分化され、本来は切り離せないものが、教科の一つひとつが、あたかもつながりのないバラバラなものとして扱われるために、それぞれの教科が互いに学びを補強するものであり、総合的に結びついていくものだということはなかなか見えません。そして、中学校の学習を一生懸命しておくことが、未来の自分の選択肢の底辺を広げるものであることが理解できたら、勉強が楽しくなります。それが見えないまま、成績をあげるためだけの勉強になっていれば、教科そのものの内容あるいは先生に対する好き嫌いで、勉強そのものがいやになってしまうことは実にもったいないことです。

象の脚だけ、あるいは、尻尾だけ見てもただの物、部分であって、何の意味も感動も湧きません。でも、象の全体像が見えた瞬間に、そこにいろいろな意味を見出すことができ、自分の感情にもつながってきます。学習も同じです。点だけを何千個覚えても、点だけでは意味がなく、それがつながってきた時に、初めて壮大な絵が自分の中で描かれ、そこに意味が出てきます。それが自分の将来と結びつけば、俄然勉強したいという気持ちが湧いてきます。

時代の流れや世界の動き、地球環境などについても同じことが言えます。現在は、過去があってのものです。現在は、未来をすでに創り始めています。

20年あまり前には、「グローバル」という言葉はまだ新鮮で言葉が歩き始めて間もない感じがありました。地球が急速に小さくなってきていることを感じ始めたのもその頃です。インターネットが普及してからは、もう、地球上の物理的な距離はほとんど感じられなくなりました。でも、世界には、ずっと以前から常に人々の移動がありました。フェニキア人たちは、貿易をするために港町から港町へ。そして、そこにメッセージを残し、また遠く離れたところにいる家族たちに手紙を送りました。それは、一つひとつは意味も持たない記号でしたが、でも、それを組み合わせると意味を持つ言葉となります。

例えば、l＋o＋v＋e=loveというように。それが、私たちが今使っている英語の元になっていると知ったら、英語を学ぶ関心はタイムトンネルを通り、世界地図の上を走り、学習はもっとずっと楽しいものになります。

古代ローマの人々は南から北に領土、活動の場を広げ、古代インドの人々は常に西と東のパイプとなり、バイキングの人々は北欧の海で航海術を高め、回教徒は野蛮なヨーロッパに洗練された文明をもたらします。回教徒からエルサレムの奪回を図る十字軍はヨーロッパを南に北にと動き、モンゴルの人々は東から西に勢力を広げました。

アレクサンダー大王の偉大さは東への旅。マルコ・ポーロもまた西から東に、そしてまた西に。ジパングの存在をヨーロッパに知らしめたのは彼です。シルクロードは、文化と交易品を運ぶ重要な道でした。それが、やがて、コロンブスたちのインドの香料、黄金の国ジパングへの夢をそそり、西インド諸島にとたどり着くことになります。

マヤやアステカ、そして、インカ文明からもたらされた金銀の財宝、砂糖やタバコやポテトなどの産物はヨーロッパを急速に富ませます。産業革命がイギリスで始まったのは、その富の流れがあったからです。世界はヨーロッパの列強国に蹂躙《じゅうりん》されていきます。「グローバル」という言葉が持つ世界が頭の中でどんどん広がり、ときめきをもたらします。

近代医学の発達により、1950年以降地球に住む人々の数は爆発的に増加しました。そして、地球環境は恐ろしい勢いで変わりつつあります。

2014年の今、ひとつの国で起こることが世界中の人々の生活に影響を及ぼします。金融も食料問題も戦争も、すべてのことが、過去からの連鎖反応の結果であり、その連続の過程に私たちは否応《いやおう》なく放り込まれています。

同様に、今、私たちが決断することは、未来のありように大きく影響します。私たち一人ひとりの生活様式が未来に影響していきます。私たちがその過程の中に置かれていることを意識することは大事なことです。日本で割り箸を使えば、タスマニアやインドネシアの森に影響します。森林伐採も熱源の使用も世界の気候に響きます。

ダイアモンドの指輪を買えば、シエラレオネでダイアモンドの利権を巡る内戦で腕を切り落とされた子どもに関係しているかもしれません。携帯やPCに使うレアメタルの獲得は、コンゴの人々の生活を脅《おびや》かしています。

世界の漁獲量の10％を消費する日本。日本人は、モロッコのタコを食べ尽くし、そこの産業を退廃させてしまいました。世界の寿司ブーム。海の魚は激減しています。食卓に上る多くの野菜や嗜好品は、発展途上国の産業を繁栄させることもあれば衰退させてしまうこともあります。

遺伝子組み換え食品、合成添加物など、食べるものやドリンクなど自分の口に入れるものは、しっかりと選別しないと自分の健康を自らの手で害することになりかねない、ひどい世界となってしまっています。化学薬品や磁気の弊害は至る所にあり、文明の発達と自然環境と人間の身体の維持のバランスは極めて危ういものとなってしまいました。

私たちの生活のすべての面が、どこかで何かにつながっています。個人の生活は個人だけのものではなく、国のあり方もその国だけのものではありません。

この地球は、宇宙・天体の一部であり、そこは、人間だけでなく動物が暮らし、植物が繁茂し、その大自然の中に人間が存在するかけがえのない場所です。人間も動物も太陽や月の動きに従って生活しており、そこには、どれくらいの人たちがどんなふうに暮らしているのかを想像しなければなりません。

現在の日本に生まれたことがどれほど幸せなことであるか。幸せであればあるほど、世界に負う責任も大きくなります。自分の夢を叶えることがそのまま社会や世界に貢献できるものであること、それが大事だと理解すると、どんな貢献ができるのだろうか、そのために自分は何をすればいいのか、ということを真剣に考え始めます。そして、自分の生き方を注視するので、学ぶことが意味を持ち始め、人生の道を作っていることに燃え始めます。生き甲斐を感じる生活となっていきます。

現在の子どもたちは、一昔前の子どもたちとは比較にならない情報量を持っています。そうした情報の一つひとつが点であるうちは、あまり意味をもちませんが、点と点がつながればつながるほど、いろいろな構図やパターンや全体像が見え、学習の意味を理解するだけでなく、知識が思考を伴う本物の知識として応用可能となり、その楽しさに、子どもたちの学習熱は自然にあがっていきます。

この姿勢は、勉強に対してだけではなく、生きていくこと全般、そして、自分の生き方そのものに意味を持たせる結果となっていきます。夢や志を持っている子どもたちは、さらに高く大きく、また、それまで夢や志や人生の中の目標などを持たなかった子どもたちも、次第にそれを形成するようになっていきます。

学習する意味がわかれば、目的意識が明瞭となり、意欲はそれに比例して向上していきます。留学してくる高校生たちの多くが、情報はたくさん持っているものの、その情報がまだ点だけのものであり、意味のある線となってつながっていない状態にあります。点と点がつながり意味のあることがわかってくると、彼らの学習意欲は飛躍的にあがります。そうした意味のある全体像が中学校の時にたくさん見えるようになっていたら、学校は、もっと楽しいものとなりましょう。それが見えるようにするのは、周りの大人たちの導きであり、知恵であり、責任です。

学習にも人生にも「落ちこぼれ」なんてない

「教育七五三」という言葉を耳にされたことがあると思います。瀧井宏臣氏の著書のタイトル（『「教育七五三」の現場から』祥伝社新書）で、日本の学校教育の中で授業についていくことに困難を感じる子どもたちが、高校で7割、中学で5割、小学校で3割ということを表している数字だということです。瀧井氏は、子どもたちの学力が低下している理由を家庭を含めさまざまな角度から研究し、その理由を取り除けば、あるいは改善したら、子どもたちの学力の向上は十分に期待できると論じています。まさに、その通りです。

世間では、学校の授業についていけない生徒たちを「落ちこぼれ」と表現しています。『大辞林』では、落ちこぼれとは、「教科の進度についていけない児童・生徒」と説明しています。ウイキペディアには、「元々『落ちこぼれ』という言葉は存在していなかったが、不登校・引きこもりが増加し始めた際、主に週刊誌が用いた言葉である。よって、『落ちこぼれ』はマスメディアが作り出した言葉である」と書いてあります。

学校教育の中で頻繁に出てくるこの「落ちこぼれ」という言葉は、子どもを、そして人間をダメにしてしまう言葉です。なぜなら、子どもたちはみなそれぞれにいいところがあり、優れたところがあります。まだ発達していない面もあれば、よく発達している面もあり、子どもたちの発達過程も生活能力も一様ではなく、みなそれぞれに違うのに、それを学校の特定の学習方法の中で特定の物差しだけで測ることにそもそも問題があるのです。

本来ないはずの「落ちこぼれ」なんていう名前で、これから育っていく子どもたちを特定のカテゴリーに落とし、落ちこぼれではない人たちは、ある一線の上にいる、という評価の仕方は極めて不適切なものです。

識字率が無限に１００％に近い驚異的な数字を持つ日本で、高校生の7割が授業についていくことが困難⁉⁉　企業で、成功率がもし30％だったら、その企業は、一体、どのように評価されるでしょう？　存続できないのではないでしょうか？　一体、成功率が30％って、どういうことなのでしょう？

落ちこぼれていくのは、子どものせいなのでしょうか？　子どもの学力が落ちているということは、子どもに原因があるということなのでしょうか？　学校生活をきちんと送れるだけのしつけ、生活能力、体力、社会性などが家庭で培われていないことがあるのは大問題です。保護者の無知や怠惰によるものであれば、それが子どもの将来に及ぼすマイナスは、計り知れなく大きなものです。しかしながら、ついていけない70％が、全員が全員、すべて家庭のせいではありますまい。

学校は、学ぶことが楽しいということを体感させることができる場です。本来、学びは楽しいものであるはずです。その学びの場が、競争の場となり、全員が全員同じ様にできることを期待され、できなければ叱られ、ということになると、学ぶことそのものさえも面白くなくなってきてしまいます。授業についていくことが困難な子どもたちが中学校で半分にも上るというのは異常事態です。

教育の内容、システム、カリキュラムの作成、指導要領などは完璧なのに、子どもがそれについていけないということなのでしょうか？　先生が日々の教える任務、ノルマをこなし、さらに生活指導や事務手続き、クラス指導などをこなさなければならず、モンスターペアレンツの要求に応えるのが精一杯だからでしょうか？

子どもたちのニーズに臨機応変に応えたり教える上での独自性や創造性を日々の授業の中に取り入れる余裕もなければ、そんなぜいたくな自由を与えられていない先生たちの教え方が絶対的であり、その機械的な方法に子どもたちが対処できないということなのでしょうか？

落ちこぼれだけでなく、不登校まで含めたら、一体、どれほどの子どもたちが学校での教育に「学ぶ意義」や「学ぶ楽しさ」を感じられない状態にあるのでしょう？　学ぶことが楽しくなければ、授業に集中できるわけもなく、そんな中で、いじめが起こったり、つまらない授業に出たくなくなったりしても、ちっとも不思議ではありません。

授業についていっている3割の生徒たちは、もちろん彼らの多大な努力があり、懸命に勉学した結果なのでしょうが、学ぶ意義や楽しさを感じているのでしょうか？　それとも、たまたま、教育の中で求められるものや、求められている答えに疑問をはさむこともなく、ひたすら間違いなく答え、点数を高める学習方法を得意としているからなのでしょうか？

企業が5割とか7割の不良品を出したら、一体、どうなるでしょう？　不良品になった製品が悪いのだといって、そのままの製造過程を継続するでしょうか？　あり得ないです、そんなことは。全面的な見直しを迫られるでしょう。教育も本来同じはずなのではないでしょうか？　日本の高校生の7割までが授業についていくことが困難であれば、日本中の7割の若者たちが、そのハンディを心に背負っているということです。そして、そのまま大人になっていくのです。なんという不幸でしょう！

「落ちこぼれ」という概念は、社会の誰かによって作り出されたものです。しかしながら、その作り出された烙印《らくいん》によって、苦しむ人々がいます。自分はダメだ、馬鹿だと信じている若者たちは、本当にたくさんいます。留学生を迎え入れるようになって、毎年驚くのは、そして、憤《いきどお》りと哀《かな》しみを感じることのひとつは、そういう若者があまりにも多いことです。彼らがそう信じている理由は、ひとつです。「学校の成績がよくないから」なんと哀しい現実でしょう。では、落ちこぼれとされた子どもたちは、本当に学習能力が不足しているのでしょうか。

小学校の高学年で、あるいは、中学校で学校に行くことを止めた子どもたちが、留学によって学習環境が変わり、学習方法を変えたことで、3年後に慶應義塾大学に、あるいは、オーストラリアの大学に入学し、そこで優秀な成績を修めた後に東大の大学院に進学する、といったことが起こります。彼らは、3年間の留学生活中、1日たりとも学校を欠席したことがなく、学習に従事することをとても楽しみました。一度は「落ちこぼれ」のカテゴリーに入れられた彼らは、「優秀」「エリート」というカテゴリーに移動しました。なにか、へんではありませんか。本人たちの中身はまったく変わらないのに、周りの人間たちが状況を判断し、名前を付けるから、子供たちはその限定された枠の中に押し込まれ、その枠から子どもたちが抜け出そうとしても、周りの大人が枠を作ってはずそうとはしないのです。誰もが持つ大きな可能性がカットされてしまうのは残酷なことです。

社会は、名付け、カテゴリー付けを日常茶飯にしています。なぜなら、そういうカテゴリー付けをしないと人間を判断することが難しいからです。そして、たいがいの人々がそれ以外の手段も知恵も持ち合わせていないからです。学校で成績をつけ、偏差値で判断することと自体が、カテゴリー付けの土台である故に、そのシステムが当たり前のこととして社会に浸透してしまい、社会全体がその物差ししか使えず、それがおかしいとは誰も気づかない状態になってしまっています。

留学のいいところは、こうした枠に囚《とら》われないところで思考することができることです。もし、これらの若者たちが留学する勇気を持たなかったら、そして、自分の環境を変えてみることに希望を見出さなかったら、そして、親御さんたちが子どもに信頼を置けなかったら、この生徒たちも永遠に「落ちこぼれ」のまま、将来社会貢献ができる立場になる機会は訪れてはこなかったかもしれません。

しかしながら、留学をしたら生きるための貪欲な姿勢が身に付くかといったら、必ずしもそうだと言い切れるわけではなく、どんなに高い学力的数値もＥＱを上回るものではなく、人間の生き方や自分の道の開拓は、ＥＱにあることを過去20年間の生徒たちが物語っています。

日本の多くの若者たちは、自分に烙印を押されたまま、そして、その烙印を取り除くことなく受け入れてしまい、そのまま大きくなっていきます。その自分への否定的な思いは、一生を左右します。学校にも、勉学にも、人生にも、「落ちこぼれ」も、「負け組」なんていうものはないということを知らないまま。そして、広い世界には、自分の人生を自分で創ることができる可能性がたくさんあることを知らないままに、黙々と体制の中の枠にはめられて生きていくのです。実際、その思い込み、染み込んでしまった観念を払拭することは、とても難しいことで、留学中でさえも容易ではありません。

人生も勉学も、すべて個人が創り上げるものです。その人が自分の生き方を創り出し、それに幸せを感じるのであれば、それは成功です。人生そのものの成功です。留学は、それを体験し、将来にそれを持っていくことを可能とするすばらしい機会です。

本当の「成功」や「優秀さ」は、自分の人生をどれだけ活用でき、どれだけ充実させることができ、どれだけ社会に貢献できるものにするかで決まるものです。学校の成績は、その中のひとつの物差しになるだけのもので、その高低で「優秀」「落ちこぼれ」などと決めてしまうのは、人間の深さや広がりやすばらしい才能を冒瀆《ぼうとく》するものでしかありません。

自分を褒める

夢や希望に満ちた人たちは輝いています。

夢や志や理想は、どんなに大きくてもいいのです。でも、それが実現するには、少し時間がかかります。そこに到達するための梯子《はしご》の一段一段を着実にのぼって行くために、目標を設定します。一夜にして英語が上手になっていた、1日で数学がわかるようになった、というようなことは実際には起こらないことは誰もが知っています。

でも、確実に上達していく生徒たちがいる一方で、なかなかそれが表に表れてこないと思い込む生徒たちもいます。上達しているのに、ちっとも自信が持てない生徒たちがいる一方で、上手下手にかかわらず、自信に満ちている生徒たちがいます。自信を感じるか感じないかは、目標の成就だけでなく、達成を肯定するか、それとも十分でないと思うかが大きく関係しています。

それ以上は望めないほどに懸命に学習や行事に取り組み、その生徒を取り巻くすべての人々からとても良い評価を得ていて、実際に大きな進歩を見せているのに、本人だけが自分がしていることがまだ十分でないと感じるケースがあります。よくあるのです、このケースが。
原因のひとつは、常に自分の描く未来像と比較しているので今の達成が小さなものにしか見えないからです。でも、その未来像は、実現までには何年もかかるような遠い未来のものです。理想を膨らませれば膨らませるほど、今の自分は未熟に見えてしまいます。だからどんなに達成しても自信につながりません。また、親や周囲に期待されている像には、到底届かないとか、自分の全力は他の生徒たちの全力に比べて十分ではないと思い込んでしまっていることが、原因となっていることもあります。

大きな達成や進歩を見せているにもかかわらず、自分の達成に決して納得せず、自信もなくもっとできるはず、もっとしなければならないと自分を叱咤《しった》激励している生徒たちもいます。目標をクリアするとクリアした瞬間に、さらに高い次の目標を設定しているもう一人の自分が、それでは十分ではないよと語りかけてくる、というのです。さらに高いものを目指すことは、それ自体は大事なことなのですが、達成を喜び肯定しないままこれを続けていると自信を持つ機会がなく、いつまで経っても自分に自信がない状態が続きます。

先生、友達、ホスト、そして、日本の両親に、自分がどう評価されるかをとても気にし、どんなに一生懸命やっても、周りの人々の目には十分とは映らないと思い込んでいるために、周りからどんなに誉められても、そんなことないと否定する生徒たちもいます。常に、人からどう言われるか、どう判断されるかに怯えているのです。この状態では、自信が湧いてくるはずがありません。

そうした自己否定につながる想念を捨て、自信を付ける方法があります。

それは、1日の終わりに、自分の達成を認識し誉めることです。そのためには、日々の目標が必要です。自分の夢の実現に向けたこと、あるいは、達成したいことに沿うものであれば、なんでもいいのです。例えば、毎日新しい英単語を10個覚える、ピアノを30分練習する、英語の本を読む、宿題を忘れない、話しにくい友達に話しかける、友達に優しい声をかける、家の手伝いをする、ネットは30分で切る、といった小さなことから始めたらいいのです。特に、最初は、大きなものにしないことが大事です。

そして、寝る前に、今日自分がしたことを振り返り、しようとしたことができていたら、まずは自分を誉めます。同時に、自分がそこに至っているのは、周りの様々な人々のお陰であることを思い出し、その人たちにも感謝します。ある生徒は、「えっ、自分を褒めたりしていいのですか?」と、その考えそのものに大きな驚きを示しました。「自分をもっと叱らなければいけないのだとずっと思っていたから、いつもプレッシャーで苦しかった」とも言っていました。

一度、達成を認識し褒めてから、また明日の目標を改めて設定し、翌日も同じ過程を繰り返します。この方法が極めて効果的であることは、多数の生徒たちで実証済みです。これを継続することが自信を付けることに直結します。それまで自信がないと言っていた生徒たちが、見る見るうちに自信を付けてきます。自信が出てくると、周囲からの誉め言葉も素直に受け取れるようになってきます。

わからないことだらけで、そうでなくても不安を募《つの》らせ、それまであった自信さえも失うことがある留学では、ことさらに、早期に日々の小さな目標を設定し、毎晩その達成を誉めるということをしていくことが大事ですが、日本の通常の学校生活でもこの方法は大いに役に立ちます。

英語力の伸び

英語力の伸びに関しては、前提として理解しておかなければならない重要な事実があります。それは、言語学習の進歩は、人によってみな違うということです。

母語である日本語のことを考えると、そのことは明瞭です。中学校の終わりともなれば、日本語での物事の理解、読む書く話すなど日本語の使い方や表現の仕方、教科書にある文献の理解や解釈の度合いや広さ、関心を持つ本の種類の違い、読書量の違い、使う語彙の広さなどみな違います。違うだけでなく、大きな差が出ます。

母語においてそうなのですから、第二言語として習う英語においては、なおさらにそれが浮き彫りになります。学習の度合いも、理解や応用の仕方にも差があり、留学したら一様のペースで一様のレベルまで英語が伸びるわけではありません。伸び率も到達レベルも、みな一人ずつ違います。ＩＥＬＴＳ（アイエルツ）* の数値で見れば、「読む」「聞く」「書く」「話す」の4つの領域の平均が4で始まって6で終わる生徒もいれば、1・5で始まって4で終わる生徒もいます。機能領域によっては8をヒットするようなこともあります。

＊ IELTS — International English Language Testing System　多くの国の政府や大学などの教育機関が使用している国際的な英語能力試験。3時間かけて読む、聞く、書く、話す、の4領域における英語力を検定する。レベルは、1（英語を言語として使用できない）から9（英語を完璧に使える）までの数値で表記される。オーストラリアの場合、11年生に編入されるには5・5、大学に進学するには7が必要。

どこからその違いが出てくるのでしょうか。いろいろな要因があります。文字はシンボルであり概念的なものなので、例えば、「緑」という言葉で表現される色やイメージは個人のそれまでに蓄えてきたものによって、それぞれにみな違います。実験してみてくださ い。面白いほどに脳裏に浮かび上がるものは十人十色に違います。ひとつの言葉においてそうであれば、言語全体においては、一体どれほどの違いがあるものなのかは想像を絶します。

学習における伸びには、やる気とその維持が関係するのと同様に、性格、知的能力、学習能力、学習習慣、取り組みの姿勢、夢の大きさ、目標、関心を向けるところ、熱意、努力の注入度、文化背景、育った環境からの感化、それまでの読書量、頭脳の使い方、感性、言語センスなど、本当に様々なことが複雑に絡み合って影響します。従って、一様に同じペースで伸びると期待することはできません。そして、他人と比較することも無意味です。比較できる唯一のものは、その生徒自身の伸びだけです。留学最初のレベルと最後に到達したレベル。それ以外に比較できるものはないのです。留学の最後にどこまで到達するかは、留学時にどのレベルから出発したか、そして、前述した要素を組み合せ、過程においてどれだけ意識的な努力の注入と継続があったかで決まります。同じカリキュラムに従って学習した場合においてさえこうであれば、単独で置かれた留学環境がマチマチに違えば、成果を測ることはきわめて難しくなります。

残念なことは、どれだけ高いレベルに到達しても、そのレベルの高さは、受験英語しか教えない日本では、まったく評価されもしないし、使えるところもないことです。大学に入ってからは、大学によってその技能が重宝され、さらに伸ばすこともできます。しかし、せっかく英語圏で生活し、日本語のフィルターを通さずに英語という言語を通して学習ができるようになったレベルに達した子どもたちの英語力は、大学に到達する前に、日本の受験英語によってそれ以上の発達をストップされてしまうだけでなく、むしろ、退行させられてしまうことは、若者の技能の損失であり、日本社会の損失です。

大学受験が改善されれば、この面でも大きな改善がもたらされましょう。

日本の英語学習の特徴

不甲斐ないできばえ

日本人は英語が下手だと言われます。

試験の結果だけでそれを測るのであれば、それを示す材料は確かに存在します。２０１３年5月13日の新聞に、ＴＯＥＦＬを提供しているEducation Testing Serviceという機関が発表したアジアおよびＯＥＣＤ諸国の受験結果比較が載っていました。２０１２年に受験したＴＯＥＦＬの結果は、インドが平均90点、韓国84点、中国77点、日本人受験者の平均点は70点で、68点だったトルコに次いでアジアで19ヶ国中下から2番目。ＯＥＣＤ諸国間では英語が公用語でない15ヶ国中最下位という悲しい結果でした。

オーストラリアにいても、日本人の英語はあまりうまくないという喜ばしくない現実にたまに遭遇します。

ヨーロッパ、中南米、アジアの多くの国々からたくさんの若者たちが英語の勉強に来ているあるシドニーの語学学校に勤務している先生が、日本人はとても生真面目に勉強するのに、IELTSやTOEFLでは、いつも日本人の名前が最下位にかたまっている。どうしてあの生真面目さがテストに反映されないのか不思議で仕方がない、どうしたらそこを突破できるか、いつも考えているのだと熱心に語っていたことがありました。

では、紙の上の試験での結果ではなく、実際に使えるかどうかという点ではどうでしょうか。

オーストラリアのハイスクールには、さまざまな国籍の生徒がいる学校があります。シドニー都市圏の学校によっては、生徒の93%が英語を母語とせず、60ヶ国を超える国の生徒が在籍しているという学校もあります。アジアからは、韓国人、台湾を含めた中国人、インドネシア人、タイ人、インド人などたくさんの生徒がいます。

そのような学校の先生がたからの話では、日本以外の国からの生徒たちは、同じ環境に置かれた日本人と比べて、英語を使えるようになるのが本当に早いことが窺われます。中国人、ベトナム人の生徒たちは、1年もいれば、ほとんどの生徒が、発音は別としても、かなり流暢《りゅうちょう》に意思表示をするようになります。それに反して、日本人の生徒たちの多くが、

1年いてもクラス討論になかなか加われません。いろいろな教科におけるテストの成績はとても良いものであっても。

日本の学校は「英語」にかける時間のわりには、実際に使えるようにはなりません。日本には、中学校、高校、大学と都合10年英語を週に何時間も勉強したけれども、自由に話せないという人がいったいどれだけいるでしょうか。シェイクスピアは読めるのに、外国人との実際の会話になったらシドロモドロという例もあります。話せる人の大半は、ラジオやテレビやテープを使用して毎日練習したり、英会話の学校に通ったり、海外研修に参加したり留学したりして、エクストラの勉強をしているか、あるいは、通常の教授法と違った方法で英語教育を受けてきている人たちです。

その原因は、江戸時代の蘭学から始まって、明治以来外国からの学問輸入のために読むことから始まった英語が、大学受験のための難解な学習となり、コミュニケーションの手段としての学習ではないからだということは、誰でも知っているところです。使えるようになるためには、学習方法を変えなければならない、でも、変えれば大学受験に対応できない、だから変えられないというディレンマが続いています。その中で、使える英語にするために、オーラルと呼ばれる時間が設けられたり、中学校や高校に native の先生が招かれるようになったり、教科書が何度も書き換えられたりしてきています。昨今は、小学校にも導入されるようになりました。

個々の試みとしては、幼稚園から教える、聞くことを強化するなどいろいろな所で様々な方法で実施されてきています。それがどういう結果を出すかは、これからのことです。日本人の平均的知能指数がとても高いことはよく知られています。日本は世界で識字率の最も高い国のひとつです。日本人は勤勉で、学習の努力を惜しみません。多くの時間を英語学習に費やしています。その日本人がなかなか英語を自由に操《あやつ》れるようになれないというのは、いったいどうしてなのでしょうか。

原因は一体どこに？

20年間海外において英語を学習する日本人の高校生の学習の仕方を観察してきた結果では、時間をかけるわりには上達の進歩が遅い理由は、次の5つに凝縮されると思います。

(1)英語と日本語が言語としてかけ離れて違う。
(2)「英語」が実用語として必要とされる機会や環境が日本にない。
(3)日本語のフィルターを通した「英語」学習。

(4)言葉を使う楽しさよりも文法を正確に覚えることに重点がある。
(5)英語学習で求められる「コミュニケーション能力」を鍛える環境が日本にない。
以下、様々な面から考察していきます。

言語習得には環境が必要

ヨーロッパには、2、3ヶ国語どころか、5ヶ国語も6ヶ国語も流暢に話す人がたくさんいます。ヨーロッパの地形や歴史を見れば当然納得がいきます。オーストラリアにも、2ヶ国語、3ヶ国語を話す人がたくさんいます。オーストラリアは移民の国なので、英語環境のみで育った人以外は、みんな英語の他に自分の母語を持っています。話す英語に、独特の強いアクセントがある人がいますが、そういう人に尋ねてみると、まず例外なく、成人してからあるいは成人に近い年齢になってから英語を習った人たちです。移民の二世、三世は、英語を母語とし、オーストラリア英語の通常の発音とアクセントで英語を話すようになります。

両親の母語を子どもに伝えることは簡単に見えますが、実際にはそう簡単ではなく、多くの親たちがその方法に苦戦しています。その中で、英語のわからない祖父母が同居している場合には、英語圏での次世代への母語継承成功率が比較的高いのが興味深いことです。特に、東欧の国々、中国、ベトナムなど、核家族構成がまだ社会の中にあまり浸透しておらず、代々にわたる親子の絆を非常に大事にしている文化の人々にその傾向が強いことは注目すべきです。同時に、子どもたちの英語に両親の母語のアクセントを少なからず残しているという例もあります。それは、英語以外の言語環境で過ごす時間が多いことから来ています。

父親と母親の母語が違うので、両方の言語を生活の中で自然に覚え、英語を含めて3ヶ国語を話すようになった人も結構たくさんいる一方、そういう環境に恵まれても、子どもが英語しか話せないという場合も多いことを考えると、話せるようになったのは、「自然」とはいっていても、実際には、生活の中に異なった言語が存在する環境を親が意識的に作っているものと思われます。

いずれにせよ、生まれた直後から、その言語環境に接する時間が長ければ長いほど、自然体でその言語が学習できるということは明らかであり、生まれたすぐあとから違う言語が同時に存在することが、子どもの言語の発達を阻害するものではないことも明らかです。

子供は、言語が2つあっても、3つあっても、覚えて使う環境があれば身につけていきます。むしろ、2言語を話す人たちは、1言語だけで育った人よりも高い知的活動を示すという研究を最近ではよく耳にするようになってきました。２０１2年3月18日のニューヨーク・タイムズ紙に、いろいろな研究結果をもとに2言語を話すことのメリットが挙げられています。

「第二言語の学習は、認知能力に影響し、子どもの学術的・知的能力の発達を妨げるという20世紀の研究者・教育者・政策決定者たちの解釈とは大きく違って、グローバル社会においてより多くの人々との交流を可能にする実際的なメリットに加え、2言語を頻繁に切り替えすることが頭脳の活動を強め環境や物をより素早く認知する能力を高めるだけでなく、高齢者の認知能力低下を防止することにも役立つ」との旨が述べられています。

最近でこそ、小学校に英語教育が導入され、英語学習を始める年齢が下がってきていますが、大方の日本人は、13歳になってから英語教育を受け始めるというのがこれまでの学校教育でした。英語を母語とする外国人と接する機会が家庭にあるとか、海外で生活したとか、親が幼児期からの英語学習を奨励したとか、インターナショナルスクールに通っているというケースのほうが稀でした。

13歳と言えば、思考する言語として日本語がある程度でき上がってしまっています。その時点で英語学習を始めるということは、英語を言語としてそのまま受け入れるのではなく、英語を日本語に置き換え、日本語で英語を学ぶことは避けがたい過程となってしまいます。それを利用しているのが、日本における英語教育です。

母語以外の言語を人間がどう学んでいくかについては、様々な研究が行われていますが、人生のどの段階でどういう方法で学ぶかによって、学習の度合いはそれこそ千差万別です。しかしながら、どの段階であっても確実に言えることは、音を識別できなければ、話すことはできないということです。

今までの日本の学校の教室内で習う英語のように、英語の文字と文法から入り、カタカナ音の混じった発音で、日本語で理解して覚えるという方法では、いくら時間を費やしてもうまくならないのが当たり前です。小学校で導入しても、同じ学習過程と方法を繰り返すのであれば、結果は同じものしか出てこないことは、始める前から明白です。

第二言語とその学習の時期

日本では、いつ英語を学び始めるのが適宜かという議論が盛んに行われてきました。早いほうがいいという学者たち、いや、日本語をきちんと学習してからでないと危険だという学者たち。

オーストラリアのように多種多様の人種と言語が混じっている国においては、こういう類《たぐい》の議論は起こりません。生まれた時から2言語、3言語の中で生活している子どもたちが多数いるからです。1言語の中で育った子どもよりも多少話し始める時期が遅れても、話し始めたら、どの言語をどの場面で、どの人を対象に使ったらいいか、を自然に修得しているという話をよく聞きます。

2言語を学習し続けている子どもの脳のほうが1言語の学習をしている子どもの脳よりも発達していて、成人してからより知的な思考ができる可能性が広がっていることが証明されつつあるということを前述しました。２０１３年の12月26日付けのニューヨーク・タイムズ紙の日曜批評「Why Bilinguals Are Smarter バイリンガルは、なぜより利口か」という記事は、それを立証する実験結果をさらに追加しています。

オーストラリアのハイスクールを訪問し、よく耳にすることは、「(英語を母語とする現地の生徒たちで) 10年生 (高校生2年生) で外国語を選択授業で選んでいる生徒たちは、揃って成績のよい生徒であり、大学進学を考えている生徒たちである」ということでした。

特に、日本語を選択している生徒たちは、概して全教科の成績が良い生徒たちだとよく言われます。

オーストラリアには、2ヶ国語、3ヶ国語を話す子どもたちがたくさんいます。シドニーの西の方面の学校では、学校の全校生のほとんどが2ヶ国語を話すことが当たり前の状態になっています。ほとんどは、小さな頃から家庭の中で学んできます。そして、学校にあがるようになると、地域には、「古典ギリシャ語」「アルメニア語」「イタリア語」といった自分たちの文化遺産として言葉を教える学校がたくさんあります。

日本のようにいつ英語を教え始めたらいいのかという議論をするのは、それ自体がナンセンスです。なぜなら、答えはわかっているからです。早ければ早いほどいい、と。でも、英語を自然に使う環境をどのくらい整えられるか。誰がどういう方法で教えるのか。まったくのバイリンガルでなければ、どちらが倫理的思考を司ることができる言語となるのかなどといった問題があるから、いつから教えるのが適宜なのだろう、という疑問が日本で起こるのでしょう。

日本のように通常日本語以外の言語に触れることがない国では、こういう議論が起こっても不思議ではありません。実際に、この20年間、一貫して見てきたことは、日本語を母語として育った子どもたちの場合、中学や高校の段階で英語学習に秀でる生徒は、日本語における読解力が高く、書く力も高い能力を備えているということです。つまり、母語の能力に優れていれば、その能力は、英語学習の過程にも充当できるということです。

読書力が学習の基礎であることは、日本での学校教育においても言えることですが、日本語でよく本を読んでいる生徒は、英語でも読むことをあまり億劫がりません。日本語で、小さな頃からあまり本を読んだことがないという生徒は、本を持つことに抵抗があるだけでなく、読む力をはじめ、英語学習の他の領域すべてにおいて、読書力を持つ生徒に比してかなりの遅れを伴うことが如実に表れます。

でも、ここでそういう生徒たちの名誉のために付け加えたいのは、留学中にニュースを追い、関心を持ったことに関連する本を読んだことがきっかけで本を読む喜びを知った時から、夢中になっていろいろな本を読み始める生徒たちが出てきます。いったん、その魅力に取り付かれたら、後は、自然に本に手を伸ばすようになります。

英語圏の学校に留学してくる一番の目的は英語習得だと全員の生徒が挙げます。移民や海外からの留学生が多いオーストラリアは、国をあげてＥＳＬ（English as a Second Language）の教育に熱心にあたっています。１日も早く学習の環境に、仕事の環境に人々が言語の壁で遅れを取らずに本来の力量を発揮できるための国策です。

言語は、いろいろな軸で分類されます。例えば、日本語なら、口語体、文語体とか、あるいは、現代文、漢文、古文というような具合に。英語も、ある特定の軸で分類されます。例えば、formal English に対する informal English――これは、きちんとしたきれいな英語と、友達の間で使われるような多少くだけた英語。英語もＴＰＯによって使い方が異なります。言語に社会性が反映されるのは、学習を楽しくさせる要素でもあり、複雑にもします。

Communicative English

これは、意思伝達が文章でも口語でも成り立つための英語。日本でよく「生きた英語」「使える英語」と呼ばれるものは、主にこれのことです。

笑い話なのですが、もう30年以上も前に私がシドニーに移り住むようになった時に、大学でシェイクスピアの原書を読んでいた友人が遊びにきました。英会話なんて、何の苦もなくできるものだろうと思っていました。彼女もそう思っていました。ところが、"How are you?" から始まって、いとも単純な会話ができないのです。Coffee が「コーヒー」になるために注文に手間取り、それから英語の音を出すことに抵抗を覚えてしまったようです。文書で読むことと、会話として口に出すことが、まったく別の機能で、どちらも訓練が要るのだということを、彼女も、私も、改めて認識した次第でした。

そのことがとても不思議に、そして、おかしく思え、二人で笑い転げたものです。日本における英語教育は、「英語」という独特な独立した教科であり、English が使えるようになるためのものではないということを思い知らされた瞬間でした。

彼女が勉強していたのは、native の人さえも滅多に読むことがない古典英語で、そこまで高度のものを読んで、それを日本語で理解することに目的があり、話すということには視点がなかったのは、周りに英語を使う機会がまったくなかったからなのでしょうが、それが日本の英語教育の典型でした。こんなことがあったことを思い出すと、留学してくる時点である程度の会話ができる生徒たちがいるということは、それだけ、日本の英語教育が Communicative English に力を入れるようになっていると言えます。

しかしながら、ある程度の会話が成り立つ生徒は、そのほとんどが小さな頃から会話塾に通っているか、家庭教師についているか、学校での英語教育以外の学習をしていた場合です。

中学校から少なくとも4年間は英語を勉強してきているはずなのに、そして、単語もたくさん知っているのに、そして通じるとある程度自信を持ってきたはずの生徒でさえ、留学の初めではまったく会話が成り立たないということが起こります。ということは、日本での英語教育は、相変わらず、話すことにはあまり視点を置いていないと言えます。若者たちが学校で「英語」を学ぶことにあれだけの時間を毎週使うのであれば、「話せる」という結果を出すためには、もっとCommunicative Englishを強化する必要があります。方法を変えない限り、日本の従来の学校での英語教育では、話せるようにはならないのです。

Communicative Englishは、現地の生活に溶け込み、英語学習の授業で履修することを毎日の生活に応用していけば、比較的速いスピードで習得できますが、日本人の留学生にとって問題がないわけではありません。日本では、英語を日本語のフィルターを通して学び、文法も日本語の名前で覚えるために、なかなか日本語を英語から振り切ることができないのです。すべてを英語で学び、日本語が入る余地は本来ないはずなのですが、それを日本語に訳す習慣ができているので、その習慣がなくなるまで、英語での飛躍的な伸びはお預けとなります。

でも、それを振り切ることができれば、多くの生徒たちが、わずか1年の間で、多くの話題で会話を楽しむことができるようになり、日常生活を送るには困らなくなります。しかしながら、日本に戻って、また、日本語のフィルターを通し、日本語の文法用語で学ばなければならなくなると、話す力は一挙に落ちていきます。

Academic English

これは、学問を可能とする英語とでも言えばいいでしょうか。いろいろな専門的な分野での知識を付けていくためには、媒体となる「英語」の技能を必要とします。例えば、読む力を例に取りましょう。単語一つひとつを読んでいく読み方では、遅々として進みません。ましてや、それを日本語に置き換えているようなことでは、英語として機能しません。読み流しができる、鍵となる語彙がわかる、主となるテーマを読み取る、それを裏付けるものを識別する、おおよその推測ができる、事実なのか説や意見なのかの区別がつく、意味をみつけるために文脈を使う、筋が追える、本文の中身の連続性を摑む、著者の言いたいことを汲《く》み取るなどの力が必要です。

そのためには、言語レベルだけでなく、そのテクニックも身に付ける必要があります。これは、一夜にしてできるものではありません。また、ある程度の英語力があったら自然にできるようになるというものでもありません。訓練を経ることによって、技能が磨かれていきます。

ごくごく簡単な段階から徐々に複雑さを増していきます。英語の習得だけでなく、英語で学問をしていく生徒は、英語学習の最初から、きちんとした学習プログラムでまずしっかりと英語の力を付けることが極めて大事です。まだ学術的な英語力を備えていない段階で、現地の生徒に混じって、教科を勉強しながら英語力を付けていくというやり方は、基本のない穴だらけな習得で、読む、聞く、書く、話す、の4分野をきちんと訓練されて学習していく方法とは、結果も時間も雲泥の差となります。習得のスピードも正確さもそして流暢さも桁《けた》はずれに違うものとなります。長期的に英語圏の国で勉学していく生徒は、特に最初にきちんとした習得を目指すことが致命的に大事です。

このことについて、トロント大学で母語のほかに英語を学習する子どもたちの学習について研究を続けているジム・カミンズ教授は、BICS（Basic Interpersonal Communicative Skills）の言語は、英語を母語とする生徒たちに混じっていれば比較的速いスピードで身に付けることができる。しかしながら、英語による高度な学習を可能とするCALP（Cognitive Academic Language Proficiency）は、英語を母語とする生徒の中に混じっている場合、そして、発達した母語を持っている場合には、幼稚園児から高校生なら5年から7年かかり、母語がしっかりと発達していない場合には、7年から10年かかると指摘しています。

実際に、現地の高校に留学し、その後、英語圏の大学に進学する場合、特別なESLのプログラムを履修していない場合には、大学に入学するまでに年月がかかり、進学しても大学での学習に困難をきたしたり、卒業までに何年もかかるのがよく見られるのに対し、きちんとESLの学習を履修している場合には、大学入学までの準備期間が短く、特に3年プログラムを修了した生徒たちは、大学での勉学に優秀な成績を修めることが多々あり、英語を母語とする学生に引けを取らないどころか、honoursという成績優秀者に贈られる特別なレベルに達したりします。また大学から奨学金がオファーされたり、メンバーにならないかとGolden Key International Honours Societyから招待状が届いたりと、native speakersの学生たちにもなかなか起こらないようなことが起こります。1年の最後には、現地の高校で、教科の1番になることは稀ではなく、3年の場合には、卒業までに最終学年のトップレベルに躍り出ることもあります。

このような生徒たちは、カミンズ教授が観察している通常の年月を大幅に短縮しています。生徒の学習能力もありましょう。しかしながら、これらの生徒たちはいずれも、英語を母語とする子どもたちの間に混じって授業を受ける前に、あるいは、一部それと並行しながら、英語の習得を高める効果のあるきちんとしたカリキュラムに則って学習しています。

母語の影響

集中的に英語を学ぶ環境においては、日本人の生徒たちが英語を習得していく過程をつぶさに観察することができます。その過程でいくつか顕著に現れたことに触れます。まず、日本での学業成績と留学中の英語の伸びや成績が関連しているかどうか。答えは、イエスでもありノーでもあります。かつては、そして今も大方のところでは、日本人生徒の学業に対する真面目さには定評があります。

日本で全般的に成績のいい生徒は、留学中の英語学習および他教科でも相対的に高い成果を出します。現地のハイスクールの native の生徒たちと同じ試験を受けて、数学や化学で学年のトップをとる生徒もいますし、音楽やデザイン&テクノロジーなどの選択教科のクラスで、1年目の後半ともなれば、そして2年目ともなればなお一層のこと、現地の生徒たちよりも平均点を上回り授業中の態度も現地の生徒たちの模範になるような生徒もかなり出てきます。

こういう生徒たちは、基本的に学習の仕方、自分の時間の使い方を知っている生徒たちだと言えます。幼稚園や小学校の間に、学習に対する基本姿勢をしっかりと身に付けている生徒たちです。授業に集中し、教わったことを呑み込み、反復し、きちんと覚えて応用し、自分のものとしていく過程をしっかりと把握しているので、授業の内容を自分のものとすることに問題がないのでしょう。最初はオーストラリアの授業の運び方に戸惑っても、じきに自分のペースを取り戻し着実に伸びていきます。それ故に、新しい方法での学びをとても楽しみます。

日本での成績はそれほど優秀ではなかったという生徒はどうでしょうか。

たどたどしい英語でも人と話そうとする、ホストファミリーとも何とか自分の気持ちを伝えようと辞書を引き、単語を並べ、写真を見せ、家庭内の生活の中に溶け込もうとする、自分からオーストラリアの生徒の後にくっついていってなんとか友達を作ろうとする、地域のスポーツクラブに入って活躍する、バンドに入って一緒に演奏活動を楽しむ、生徒会の代表に立候補する、地域のボランティア活動に参加する、といった具合にどんどん自分からオーストラリアの生活の中に飛び込んでいく生徒たちがいます。そういう生徒たちの英語力は、半年もしないうちに飛躍的な伸びを示し始めます。

留学中の英語の伸びは、日本の学校での成績とは必ずしも比例しません。どのくらい好奇心があるか、どれくらい積極性があるか、どのくらい観察力があるか、どれくらい集中できるか、どれくらい考える力があるか、どれくらい人々と交流できるか、どれだけの努力ができるかで進歩の度合が決まってきます。

どこまで英語がうまくなるかは、13歳から英語を習い始めたこの生徒たちの場合に限っては、日本語の力と知識の蓄えに比例すると言えます。

日本から留学してくる生徒たちは、日本で生まれ日本語環境で育っていますから、みんな日本語を話します。日本語ができることが当たり前なので、日本人なら誰もが同じように日本語を使えると思いがちですが、英語のレベルに雲泥の差があるように、生徒たちの日本語の力にも雲泥の差があります。しかも日本語となると、16年の積み重ねの結果なので、その力の差はもっと大きいものとなります。

13歳から英語を習い始めて英語が上達した生徒たちに共通していることは、日本語に優れているということです。これに例外はありません。英語が流暢になる生徒は、日本語が流暢です。文章構成がしっかりしていて、論理的に物事を考えることができ、観念的な話ができ、表現や語彙の使い方が正しいばかりでなく、友達と話す時はくだけた言い回しをしていても、他の日本人と話す時には標準語への切り替えが自然にでき、必要な場合には敬語を使うというTPOに応じた日本語の使い分けができます。言語と社会性への感性が高いということが言えます。書く作品にも思考の流れや深さがあり、考えをまとめることがうまく、語彙や表現を効果的に使っています。

日本語がたどたどしい場合には、英語でもやはりそのたどたどしさは抜けません。日本語ではシドロモドロだけれど、英語に切り替わったら突如雄弁になるといった例には、過去20年出会ったことがありません。口頭では流暢ではなくても、日本語で書いたものがある程度の推理能力や思考能力を表し、豊かな感受性が豊富な語彙と表現で綴られている場合には、その生徒の英語のエッセイは、ある程度の力をつけてくると、やはり日本語と同じように思考の深さや表現の豊かさを持つ文章になってきます。

日本語で書いたエッセイが、内容も文章構成も漢字の使用もお粗末なものしか書けない生徒の英語のエッセイは、いくら構成を教わり練習しても、それなりにお粗末なものにしか仕上がりません。それ故に、日本では、母語がしっかりするまで英語は導入すべきではないという論議が起こるのかもしれません。こうした生徒たちが、本はまったく読まない、読んでも漫画だけと言っていることは特記すべきことです。小さな頃から読書の習慣を付けておくことの大事さは、こういうところにも出てきます。

ＮＳＷ（ニューサウスウェールズ）州政府の管轄下にあるNSW Centre for Effective Readingという機関は、どうやって生徒たちに語彙を教えていくかという情報を提供しているところですが、英語のnativeの生徒たちが母語の英語に秀でるためには、語彙がなければどうにもならず、それは、小さな頃から家族の間でどれくらいの語彙に触れているか、そして、どのくらい読書しているかが、子どもの言語発達に大きく影響すると言っています。親がたくさん本を読み、知的な会話をする家庭で育った子どもと、知的な会話がない家庭で育った子どもの語彙の差はかけ離れたものになる、と。これは、英語に限らず、日本語でも同じことが言えます。

生まれた小さな子どもを囲む人たちが、話しかけ、歌い、音楽を聞かせ、絵本を読み、一緒に遊び、動植物を含めた周りの物に注意を喚起させ、様々な体験をさせてやり、子どもの成長を楽しみながら、子どもの質問に答えることはとても大切です。子どもとの対話を大事にし、触れ合う時間を楽しむ環境があれば、子どもは自然にいろいろなことに関心を持ちます。

頭の活動が言語に対して活発になり、体験を通して、また本や新聞やテレビから学び、人とのコミュニケーションを楽しみ、学校での授業も含めて自分が従事する活動のすべてに並行して言語の幅を広くし深く掘り下げていくのだろうということは容易に想像できます。

そして、テレビやゲームを子守り代わりにするのではなく、家族、特にお母さんがこうした時間を乳幼児とたくさん持つことの大切さは、どんなに強調してもしきれないほどに大事なことです。

英語が日本語から分離する時期

人間がどのように言語を習得していくかについてはいろいろな説や議論がありますが、特に第二言語の習得に関しては、教え方の是非についても様々に分かれます。それは、個人個人の文化・学習歴・学習能力・言語環境が違う上に、第二言語の学習が第一言語に大きく影響されるので様々な研究結果があっても、説としてまとめることが難しいということがあるのでしょう。

人間は、言語が使われている状況、前後関係、意味、状況を共有する人々との関連などの中で、言語を学んでいきます。赤ちゃんは聞くことが専門ですが、誰が、どの言葉を、いつ、どのように、どの瞬間に、使うということを逐一観察し、やがて、その状況の中で物と音を結ぶ単語を発し、周りの人々との関連の中で自分の生活環境と言語の数を増やし、話ができるようになっていきます。

生まれた時から2言語に囲まれて生活している子どもと、第一言語がある程度できあってから、第二言語として別の言語を習得するのでは、習得の仕方はまったく違うということは想像に難くありません。

しかしながら、通常の日本人は、この環境下にいません。日本語を学習し、日本語で育ち、日本語で知識を習得し、日本語で考える力を養います。第二言語の習得は、その後、というのが一般的な図式となっています。昨今では、2歳とか4歳から英語に触れている子どもたちが増えてきていますが、日本語と並行してではなく、週に1回とか2回のレッスンという生活の限られた齣《こま》の中での学習です。

日本で英語の学習をするのは、「英語」という特別な授業があり、英語についての知識を積んでいきます。English の音に囲まれ、English が生活の言葉として存在する環境の中で学ぶわけではなく、おまけに、英語の文法という機能に重きが置かれることが、決定的に、英語習得を難しくしてしまっています。

その中で、英語を学習してきた生徒たちが、英語圏の国に留学し、生活の基盤の言語がEnglishとなった際には、どんなことが起こるのでしょうか。ここに挙げるのは、平均的に中学校から「英語」を習い始め、日本語が母語で、その他の教科はすべて日本の一般的な学校で教育を受けている子どもたちの例です。

母語の日本語での活発な言語学習を続けてきた生徒は、英語という新しい言語の学習が始まった時にも、それまでの学習方法を応用し、広げていくことがごく自然にできるようです。生徒たちのオーストラリアでの1年を観測した中では、次のことがいえます。

日本の中学校1年から通常の学校での英語教育を受けた生徒が、16歳の時に100%に近い英語の環境に置かれた時には、

*第一言語（日本語）が第二言語（英語）の学習を支配する。少なくとも最初は。

*第一言語（日本語）のレベルが第二言語（英語）のレベルを左右する。

*日本語での思考能力や観念把握能力が高い場合、英語での思考、英語での新しい観念

の把握が比較的らくにできる。

・日本語から英語を切り離し、英語を頭の中で独り立ちさせ、別の生活言語として機能させることができる時期が早く来る。

・英語で知識の範囲を広げていくことができる。

・第一言語が第二言語の学習スピードをむしろ速めているということができる。

*日本語での思考能力が低いあるいは観念の把握能力が低い場合、英語で思考し観念を把握することが難しい。

・日本語への依存度が非常に高く、英語から日本語を切り離すことがなかなかできない。

・1年で日本語のレベルを超える英語のレベルには到達しない（少なくとも到達した例はない）。

・もともと言語学習そのものに関心を持っていないということも言える。

以上のことが、日英両方の言語によるエッセイのクオリティや、ディスカッションへの参加や言語使用の流暢さと発言内容、いろいろな教科での学習成果、ＥＳＬ学習の成果、観察の結果などを総合的に判断して言えることです。

日本語に依存せずに、英語がひとつの独立した言語として機能し始める分岐点はどの辺にあるのかとても興味があるのですが、ＩＥＬＴＳで言えば、バンド（レベルを示す領域）5.5～6.0のあたりではないかと思われます。頭の中の日本語の翻訳機能に依存することが少なくなり、英語で思考し英語だけで機能することが可能となってきているように見受けられる生徒たちは、だいたいこのあたりのところにいます。

このあたりの力をつけてくると、場合によってはあるいはテーマによっては、日本語よりも英語の方が使いやすく学びやすいと言います。一般会話も、上下関係で言葉が変わる日本語よりも英語のほうが誰とでも会話しやすい、とも。一般の学習教科においては、教科の内容の知識や概念、それに付随する語彙を新たに学習していく上での困難はあっても、学習そのものは高度なレベルでこなすことが可能になっていきます。

ＩＥＬＴＳの６以上のレベルに達している生徒は、英語で学習したことに関しては、ほとんど英語だけで機能します。時々、意味不明になった時には日本語に頼ることがあっても、このレベルに達すると、英語が日本語から完全に分離しているということが言えます。日本語も英語もそれぞれ独立した言語として頭の中に存在し、どちらの言語でも思考し表現することができる、そしてそのどちらとも必要ならば行き来することができるという状態です。

いったん、英語と日本語がそれぞれ独立してしまえば、そのどちらにおいても、もう一方の影響を受けることなく、独自に自分の中で発達させていくことができるということも言えそうです。本当にバイリンガルになった状態と言えるでしょう。あとは、場に応じて、状況に応じて、スイッチの切り替えをするだけです。

英語の発音は難しい

あるフランス人によると、「ドイツ語は馬に話す言葉、イタリア語は愛を歌う言葉、そしてフランス語は愛をささやくための言葉」だそうです。フランス人が言うのですから、フランス語を賛美するのは当然ですが、たしかに、ドイツ語はゴツゴツした激しい響きを持っていて、命令を下すため、議論するためには適しているような感じがします。イタリア語はリズムとメロディのある明るく楽しい響きで、ついついつられて手が動いてしまいます。フランス語の響きは、まさに愛をささやくための言葉という表現がぴったりです。そうなると、イタリア語と同じく母音が多い日本語は、愛を歌う言葉となるのでしょうか。

日本人同士が話している所によく居合わせるオーストラリアの人たちは、抑揚《よくよう》が穏やかな日本語は、「とても詩的な響きがする」「ロマンティクな響きがする」「甘い響きがする」と言います。

イタリア語やスペイン語は、日本人にとってとても習いやすい言語です。発音が似ていること、変化が複雑でも文法が理解しやすいこと、文法に例外があまりないこと、文章を作る上で動詞や副詞などの位置の組み替えの融通性があること、主語を飛ばしてしまっても話が通じるなどといったことがとりつきやすくしているのでしょうが、一番の理由は発音が容易ということでしょう。見た文字の通りに発音すればよく、音が非常に明確で、しかも普段の日本語の中で聞いていない音があまりないので、聞き取りがらくなのです。

聞き取りがうまくできれば、それを再生することも難しくはありません。うまく聞き取れれば、理解することもできます。理解でき音が再生できれば、表現することはそう難しくはありません。

これが英語やフランス語となると、途端に難しくなってしまいます。日本語にない音がたくさんあるからです。例えば、apple, art, American という3つの単語を例にとってみましょう。カタカナでこれを習った人にとっては、apple の'a'と art の'a', American の

aːは、みんな同じ音、それも日本語の「ア」という音となります。実際には、この3つはみな違う音です。

音を発音記号で覚えた人は、記号の音になるように気を付けて発音するでしょう。英語を母語とするnativeの人に囲まれて育った人は、自分の耳に慣れた響きで発音しようとするでしょう。しかし、小さな時からnativeの発音に慣れていない者の耳には、この3つの音を聞き分けることはとても難しいことです。不可能に近いことかもしれません。

この他にも、英語には日本語にない音がたくさんあります。RとL、BとV、F、TH、Wの音など、日本人にはとても聞き取りにくく、なかなかうまく発音できない音もあります。日本語にない音を無理やりに日本語にある音で発音させてしまうことが、日本人の英語の上達を妨げるひとつの大きな原因になっているように見えます。

生徒たちが、恐れることのひとつは、自分の英語をわかってもらえないのではないか、ということです。その不安を突くのが、ホストの"Sorry?" "I beg your pardon?"という質問です。言ったことがわかってもらえなかったと、そこで、ガクッときてしまうようです。一番ひどいのが、"Ha?"という反応。「これを言われた瞬間に、もう何も言いたくなくなる」「何がいやって、それが一番いや」「心が砕ける」「英語で話をする気が失せる」

と。

日本語で、「はあ？」という反応は、子どもたち自身がしていることなのですが、英語でされるのをそこまで嫌がるということは、それだけ普段自分の発音を気にしているということなのかもしれません。Native の人たちの発音を聞いて、まねして覚えていくしかないのですが、どうしても癖になっている発音を直すことができない生徒にとっては、聞き取ること自体が難しいのかもしれません。

カタカナ英語は悲劇

例えば、RとLです。RもLも日本語の音の中には存在しません。それを、両方ともカタカナのラ行の音で片付けてしまっています。おまけに、日本語のラ、リ、ル、レ、ロという音は英語に存在しないのに、これまた ra, ri, ru, re, ro とローマ字に置いてしまうという離れ業《わざ》をやってのけます。カタカナで外国語の発音を表記することや、日本語の音をローマ字で表記することを考え出した人たちは、本当にすごいことをしたものだと感嘆します。

カタカナで表記された外国語の多くは、完全に日本語の一部となり、欠くことのできない生きた言葉となっています。私は、スペイン語や英語の名称などを日本語に置き換える時に、その度にカタカナを使うことに疑問を抱き抵抗を覚えるのですが、さりとて、日本語以外を解さない人にそれ以外に音を伝える方法があるかというと、たとえ音を正確には表せなくとも、カタカナに頼るしかありません。しかしながら、このカタカナ表記の存在は、外国語の正しい発音を遠ざけてしまう結果ともなっています。

スペイン語の場合には、日本語と同じように子音と母音の組み合わせでできている音がほとんどなので、日本語にない音はそれほどたくさんはないのでまだ救いようがあるかもしれませんが、英語やフランス語をカタカナで習った場合には悲劇としかいいようがありません。カタカナで習ってしまった英語やフランス語の音を修正するためには、大変な時間と努力を要します。正確な音を再生できないどころか、違いを聞き取ることが第一関門です。

いくつかの例をあげましょう。すばらしい英語力を持った生徒がいました。書く文章は、文法的にも冠詞などの使い方も正しく、かなり複雑な文章構成もできます。職場体験で雑誌社に1週間勤務し、編集会議で討議されるほとんど全部を理解できるだけの聴く力を持っています。新聞の社会記事などはさらっと読みこなす読解力を持っています。

惜しむらくは発音。子音に母音が混じってしまいます。例えば、'and'が「アンド」に近い音になってしまいます。注意している時はきれいに発音できるのに、ちょっと気を抜くとなんとも聞き難い英語になってしまうのです。1年間nativeの人々に囲まれて暮らしてもカタカナ発音は直りませんでした。大学生の時にアメリカに1年間留学しました。その後に再会する機会があったのですが、発音は直っていませんでした。

この生徒の場合には、8歳の時に塾で英語の学習を始めたといいます。その時の学習の仕方がアイ・アム・ア・ボーイとカタカナで書いてあるものを英語にせよといったものだったそうです。現在の発音がその後遺症だと断定することはできませんが、少なくとも、学習し始めの頃の「音」が強烈なインパクトとして頭の中に残っているということは言えると思います。

別な例です。この生徒は、書く力に関しては、先に例にあげた生徒と同じように正確で高度な表現力を持ち、読解の力も決して悪くありませんでした。ComprehensionとWritingの試験だけならば、すばらしくいい成績を取ることができます。ところが、Listeningとなると、相手に繰り返してもらわなければならないことがしばしばあり、発音となるとかわいそうになるほどにカタカナ英語になってしまうのです。不思議なのは、この生徒は絶対音感を持っていて、ピアノの音ならどの音でも識別することができます。それほどいい耳を持っていながら、英語の音となったらそうはいかないのです。この生徒の場合は10歳の時に英語学習を始めており、偶然の一致かもしれませんが、やはりカタカナの練習から入っています。

日本のある小学校でこんなことが起きました。まだ英語に触れたことのない4年生のクラスで実験的に英語のレッスンが行われました。先生は、オーストラリア人、とてもきれいな発音の人でした。みんな先生の後について、eye, ear, hair といった単語をフラッシュカードの絵を見ながら、とても上手に発音しました。先生の発音の通りでした。翌日、2度目の授業がありました。ある児童の発音が昨日とは違うのです。何度繰り返しても、先生の発音のようになりません。そして、わかったのです、その原因が。

その子は家で熱心に復習したのでしょうね。昨日もらったプリントにお母さんにカタカナで音を付けてもらっていました。それまでずっと使っていてよく知っているカナの音が視覚からも強化されたことで、耳から入ったオリジナルの新しい音は、すっかりと消し去られてしまったのです。

再現できなくなってしまったのは、衝撃的でした。ここでの教訓は、英語学習には、決して、日本語の音を混ぜてはいけない、ということです。

きれいな音を頻繁に聞く

日本語にない音は正確に発音できない、ということなのでしょうか。決してそうではないのです。小さな時からその音に接していないために、聞き取る能力が発達しなかっただけのことなのです。聞き取る能力が発達しなかったから、再生能力も発達しない。ただそれだけのことです。

日本人が英語をきれいに発音できないのは、元々の音を聞き取る機会がない前に、全く違う音で訓練されてしまうからです。「オーストラリアでは4歳の子どもでも英語を話す。ああ、すごい」と、オーストラリアを訪れた日本人が、いたく感激したという笑い話があります。英語に苦労している人間にとっては、笑うに笑えぬ思いがありますが、言語習得の本質を突いた言葉です。聞くべき音を聞いていれば、誰でも話せるようになるということです。

どの書物で読んだのか記録してないことが悔やまれますが、あるアメリカの言語学者による研究発表を30年ほど前に読んで、それ以来私の頭の中にこびりついている文章があります。「人間は3歳までに頻繁に耳にする音は、簡単に再生できる機能を持っている。しかしながら、それ以後は、その音を聞く機会がなければないほど、聞き取る能力も再生する機能も失せていく」というものです。オーストラリアに住み、毎日 native の英語を聞いて、自分を訓練していけば、発音もアクセントもイントネーションもそのうちに native の人たちと同じようになるのではないかと単純に考えていた私は、金槌《かなづち》で頭をたたかれたようなショックを受けました。私の漠然とした夢がポシャンと押しつぶされてしまった感覚が今でも残っています。

フランス語であれ、アラビア語であれ、ギリシャ語であれ、小さい時から接している言葉は、誰でもその言葉を自然に話すようになります。われわれも、小さい時から日本語を聞いて育ってきているから、ごく自然に日本語を話しています。地方の方言に慣れ親しんで育った人は、普段聞いている通りの発音と表現が自分の言葉となりますから、標準語を話すためには、それなりの意識的な努力を必要とします。

文化や人種にかかわらず、人間誰もが生まれた時から「聞く」という作業を何ヶ月も何年も続け、自分の観察と生活体験に合わせて、中に蓄積してきた音と表現をだんだんに自分のものとして表現するようになっていきます。普通誰もがこの過程を通り、自分の周りで話されている言語を習得していきます。音が自分の中に積まれ、それも、体験に合わせて習得したものは、自然に言語となって再現することが可能となっていきます。そこに正確な発音が伴えば、とてもきれいなものとなります。

16歳でも訓練を受けたら決して遅くはないという例があります。スコットランド出身の家族のお家にお世話になった生徒は、1年後、スコットランド人が話す英語を自分のものとしていました。耳の良さ、勘の良さ、感性の鋭さ、交流の度合いなどいろいろな要素が言語学習を支配するのでしょうが、環境に飛び込めば飛び込むほど、そして、言語に関心を持てば持つほど、言語の習得は深く広くなります。

昨今は、幼少時から英語学習を始める子どもたちが増えてきています。導入はいい音から。それに徹することが上達への道の入り口です。

「文章で言いなさい」

日本から留学してきた生徒を預かるホストファミリーの多くは、生徒たちの英語学習をとてもよく手伝ってくれます。ホストファミリーとの生活は、留学生の健全な学習の基盤となるものです。

聞き取りを練習させるために、幼児用の学習テープを録音して生徒に練習させる、宿題を手伝う、プロジェクトがあれば一緒に情報を集める、日記を書かせてそれを毎晩添削する、毎晩ニュース形式にして今日のできごとを伝達する時間を設ける、一緒にニュースを見る、生徒の関心事に関する記事を雑誌や新聞で見つけたら取っておく、パワーポイントの使い方を一緒に研究するなど、本当にいろいろな形で助けが出されます。

中には、生徒のために調べていた情報の知識について、ホスト夫婦の意見が食い違い、夫婦が競って正しい情報を求めに図書館に走ったり、インターネットで調べたりするような場面も見られます。

そんなファミリーがよく尋ねてくる質問があります。「会話をする時に、文章を作りなさいと言うのだけれど、なかなか文章にならない、どうヘルプすればいいのか」というものです。

この質問は、日本人生徒の英語の学習の仕方を探るのに、とてもいいところを突いています。英語の文章を作るというのは、日本人生徒がもっとも苦手とすることのひとつです。いろいろ考えてみるに、その理由のひとつは、日本語の使い方と読書に源を発しているようです。

13歳から日本の通常の教授法で英語を教わって学習した生徒は、頭の中で、英語を日本語に置き換えて学ぶ、つまり英語を日本語のフィルターを介して学ぶという過程を通らざるを得ません。少なくとも最初は通ります。必然的にかれらの持っている日本語の力が大きくものを言ってきます。翻訳という技術を使いながらの英語学習は、日本語の高度な知識を持っていればいるほど、語彙の日本語から英語への移行のスピードが速く、抽象的な観念を英語で理解するのも早く、概念や観念を表現するのも英語さえ上達すれば問題なくこなします。

しかしながら、その元となる日本語すらもあやしいとなると……。

何とか英語の完璧な文章にしようと試みると、今度は逆に構文や文法にこだわりすぎ、頭の中でああでもないこうでもないと考えすぎるために、言葉に詰まってしまいます。そういうことが続くと、会話はリズムに乗らないどころか、まったく会話にならないまま、話は出だしだけで終わってしまいます。

もうひとつの大きな特徴は、日本人の若者が、文章で日本語を話さず、単語のみで話すことが多いということです。漫画の影響でしょうか。それとも家庭で「文章」で話すということを習慣としていないからなのでしょうか。日常の動きの中の数語での言葉のやりとりはできても、ひとつの事柄について掘り下げて話すということがなかなか難しいようです。このことは口頭だけに留まらず、エッセイなど書くことにも大きく影響してきます。書くためには、情報があり、考える力があり、考えを概念化し言語化できる力があり、まとめる力がないと良いものは書けません。ここでも、母語の力が大きくものを言います。ＥＳＬの時間に書いて出す作品の内容の深さ、長さ、発想力は、日本語での作文力がそのまま反映されています。

これを改善するにはどうしたらいいのか。

家庭の中で、毎日の会話に文章型を取り入れること。簡単なことでも完成した文で話をするということが大事です。文章を重ねる長い会話をする努力をすること。学校でのできごと、世の中で起こっていること、ニュースについて、読んだ本の内容について、内容を広げ、考えること、感じることを言語化し、文章を作る練習をすることです。

たくさん本や新聞を読むことも大事です。覚えている限り本を読んだことがない、これからも本を読むことに関心がない、という子どもたちがいます。漫画しか読んだことがないという生徒は少なくありません。漫画には詳細な専門的な知識が出てくるものもあり、漫画が悪いというのではなく、漫画の中での言葉の発し方が、長い文で表現するのではなく、短い中により強いインパクトを入れ込むことが目的なので、完結する文や文がいくつも重なる会話を作り出すこととは明らかに違います。視覚を刺激する絵があるので、理解のための頭脳の機能は、受け止め方も使い方もまったく違います。

見解を説明しなければならないクラスのディスカッションでは、「何をどう言っていいのかわからない」「説明できない」から意見が出せないとか、エッセイや課題について書くことを求められると、「何を書いていいのかわからない」ということになります。

これが、自分の意見を言うことのためらいだとしても、もともと深める内容がないのであれば、ディスカッションはそこで終わります。これでは、英語に上達できる希望はとても小さくなります。英語どころか母語においても論旨を組み立てることができないのですから。日本の学校環境にも家庭環境にもディスカッションをする習慣も訓練もないことが根本の原因になっていると思われます。

英語には主語が要る

日本語は、たいへん融通の利く便利な言語というか、社会性を言語に緻密に織り込んだ高度に発達した言語と言うべきか、話し手と聞き手のそれぞれの社会的な立場と状況が使う言葉に複雑に反映されています。そのために、会話の中で「行く？」とだけ言えば、その聞き手は、前後の内容と会話の流れから、主語がなくても誰が行くかということを即座に理解します。

それだけに留まらず、「本当に行くの！」「行きたいの？」「試しに行ってみようか」「仕方ないから行ってみようか」といったニュアンスまで口調からつかみとることができます。聞き手のみならず、読者も話し手と聞き手の社会的な地位、二人の関係、年齢などいろいろな場面を想定することができると同時に、ある程度状況を限定することが可能です。

ところが、英語で、"go ?" とだけ言ったらどういうことになるか。会話を交わす二人の中でさえ、意味不明でしょう。"Go!" だけで済むのは、「行け！」という命令の時だけです。

日本語と同じだけの度合いで、「行く？」という意味とニュアンスがわかるためには、"Are you going ?" "You've got to go?" "Do you want to go?" "Shall we go?" "Well, we don't have a choice other than going." "Let's go!" "We don't know until we go there." など、きちんとした文章を作る必要があります。日本語で、「持っていくの？」と尋ねれば、何か物がそこにあり、それを持っていくのかと尋ねられていることは明白です。ところが、英語となると、"take ?" だけというわけにはいきません。"Are you going to take it with you?"と誰が、何を、を文章に入れなければ相手にはわかってもらえません。

英語で考えることができないうちは、まず日本語で考え、それを翻訳した英語を使うので、そうした日本語の使い方が、思いのほか日常の会話の運びに影響します。元になる日本語の中で、主語が飛んでしまったり、述語が飛んでしまったり、目的語が飛んでしまっていれば、英語になった時には足りないものだらけになってしまいます。「どうしたら文章で会話ができるようになるのだろうか」というホストの疑問は、それ故に深いところを突いているのです。

日本の家庭の中で子どもの頃から普段どういう会話が交わされているのかが言語学習の後々の進歩と成果を占うひとつの目安になるかもしれないことは、とても興味深いことです。

これに加えて言語体系が違うことが、さらに英語の習得を難しくしています。ＥＳＬを教える先生たちは、"It is……"というこの it の使い方の概念を理解するのに時間がかかる、あるいは、それを理解できないために使えない生徒たちがいると言います。文章を作ることを難しくしている原因が、極めて初歩的なこんなところにもあるのは驚きですが、それも、これを日本語で理解しようとするから理解できないのであって、日本語のフィルターを通して「英語」を勉強してきた後遺症のひとつです。英語を感覚で覚えて使い慣れ使いこなしていくことが、実は最短の学習方法であることを子どもたちが感じるようになるまでに、時間がかかります。

でも、「英語で夢を見た！」とか、込み入った事情やアイディアを英語で伝えることができたという喜びや感動を味わい始めると、急速な進歩を見せるようになります。

'You' の距離

文章がうまく作れない理由は、ほかにもたくさんあります。日本の社会性がいろいろなところに顔を出しています。ある生徒は、you という言葉が、ホストとの会話の中で最初の3ヶ月ほどは使えなかったというのです。ホストの夫婦がお互いに you で話す時に、自分が年上の、そして、お世話になっているホストに向かって you を使うのは、とても失礼に思える。だから、うまく文章が作れないというのです。you が使えなければ、英語で会話をすることは不可能です。

この生徒の頭の中には、この you という言葉が、日本語の「あなた」という響きを持っていたのでしょうか。日本語では、you に相当する言葉がたくさんあります。それはみ

youに対するアンケートの結果

日本語で自分の親に敬語を使う	0％
日本語で先生や目上の人に敬語やていねい語を使う	100%
英語に日本語のような敬語や謙譲語がないことに戸惑いを感じた そのうち 相手が大人の場合、youと呼ぶことに抵抗があった	60% 69%
戸惑いを感じなかった生徒のうち 相手が大人の場合、youと呼ぶことに抵抗があった	0％

な、相手の立場と話し手の立場の違いを反映した言葉です。しかしながら、実際の会話の中では、日本語の場合は、youに相当する言葉は、たいていの場合、役職など別の名称が使われるか、そうでなければ省かれます。英語ならば、相手が小さな子どもであっても、大統領であっても、会話の相手はあくまでもyouであり、面と向き合った時には、そこには、階級的、社会的、年齢的な優劣や上下関係はまったく反映されません。そして、youという言葉が省かれてしまうことはありません。"Would you like……"といった丁寧な話し方はありますが、英語の場合には、日本語の敬語、謙譲語のように、単語そのもので、あるいは動詞の活用の仕方によって上下をはっきりと示すものはありません。

この生徒の場合には、敬意を示しながら話をしたいのに、はっきりと敬意を示せる言葉がない。その時に、ホストの両親が相互に使っているyouを、年下でありお世話になっている立場の自分が使うことは不謹慎だと感じるということなのです。他の生徒たちにも聞いてみました。

英語に日本語のような敬語や謙譲語がないことに戸惑いを感じている者が半数以上もいることは驚きでしたが、ここで注目したいのは、敬語や謙譲語のないことに戸惑いを感じた生徒の70％近くが、大人の相手をyouと呼ぶことに少なくとも最初は抵抗を感じているのに反して、敬語や謙譲語がないことに戸惑いを感じなかった生徒たちは全員、youという言葉を言うことに抵抗を感じていないということです。言語が如何に社会的な感覚を秘めているものかがよくわかります。

「英語に慣れたら、英語の方が敬語とか心配しないですむから、日本語でよりも大人の人と話しやすい」というコメントが出るのももっともです。

ということは、日本語の使い方のＴＰＯを心得ている者ほど、英語の中に社会性を強く意識し、その意識が英語の使い方の中に表れて来るということが言えます。また、生徒が英語を学習する際に、このレベルの学習段階では、日本語と英語の分離ができておらず、また、日本での日常の社会性がそこに大きく介在しているということが言えそうです。

状況に応じて日本語を使い分けられる年齢に達していない前に英語を習得していれば、

相手が大人であれ子供であれ、自分が会話なり対話をしている相手を you と表現することには、全く抵抗を感じないで済むと言えます。このアンケートを実施したのは、15年ほど前のことで、当時は、中学校の1年生から英語を習い始めることが主流でした。過去10年の間に英語学習への取り組みは大きく変わり、近頃は、2歳、4歳といった年齢から English に接する子どもたちの数が増え、小学校6年生から、あるいは中学校から英語学習に入った生徒のほうがむしろ少数になってきています。You を目上に使うことへの抵抗を感じる生徒は、ほとんどいなくなっています。言葉というものは、本当に不思議なものです。

First Name への抵抗

日本人の多くは、相手の名前を呼ぶことがあまり上手ではありません。今でこそ、若い人たちは、恋人を first name で呼ぶことが当たり前になってきているようですが、名前を呼べなくて、「ねえ」とか「おい」だけで済ませてしまう人もたくさんいます。子どもが生まれれば、博さんが「お父さん」とか「パパ」になり、由美子さんが「お母さん」とか「ママ」になり、夫婦の間でもお互いの名前を呼ぶことはあまりなくなってしまいます。

小さな子どもたちは、幼稚園や小学校では「だいすけくん」とか「えみこちゃん」と呼んでいますが、それが中学校、高校になると、先生たちが生徒を姓で呼ぶからでしょうか、生徒同士が呼び合うのも姓になっていきます。大人は子どもを名前で呼びますが、子どもが大人を名前で呼ぶことなど考えられません。自分の母親の姉妹を呼ぶ「おば」という血筋を表す使用方法の他に、「おばさん」は、不特定単数の中年の女性を指す名称として使われます。「おじさん」「おばさん」「おじいさん」「おばあさん」という名称は、年齢に合わせたその人たちの社会の中での立場を表しています。英語にはないたいへん興味深い名称です。社会に出れば、役職が相手の名前にとってかわる場面がたくさんあります。部下なら「平田君」ですが、部下が課長を呼ぶときには、「大西さん」ではなく、「課長」になります。

大方の場合、目上の立場にある人は、名前よりも役職で呼ばれることが多く、同僚や同等の立場の人は姓を使う場合が多く、年下を呼ぶ時に限って first name が使われるケースがあると言えそうです。

英国社会では、厳しい階級差があるために、称号やタイトルが非常に大事にされます。人の名前も、軽々しく first name で呼ぶようなことは、同じ階級内か階級が違ったらよほど親しい仲でなければないと聞いています。ところが、同じ英語の国であっても、この国の英語社会の出発が英国のその階級社会に搾取され、圧しつぶされ、そこから島送りという形で排除された人々から始まったオーストラリアは、その点に関しては、非常に気さくというか無礼講というか、初対面の人でも、相手がだれでも、組織内の地位の上下に関係なく、一度挨拶が済めば、あとは気軽に相手の名前を呼びあいます。Mr. とか Mrs. をきちんと使わせるのは、学校で生徒が先生を呼ぶ時ぐらいでしょうか。

オーストラリアには、子連れの再婚というケースがけっこうたくさんあります。子どもたちが自分の親のパートナーをどう呼ぶかというと、Dad とか Mum と呼ぶ場合もありますが、ハリーとかアンと名前を使っています。日本でいえば、自分の母親が再婚し自分のお父さんとなった人を子どもが「ヒロシ」と呼ぶことになり、日本人の感覚としては受け入れられないものです。

隣の人も、友達のパートナーも、パーティでたまたま会って紹介された人も、子どもでも大人でも、みんなお互いに first name で呼びます。この名前を呼びあうということが、思いのほか、相手との距離を縮め、会話を弾ませる効用があるのです。相手の名前を呼ぶことにより、より近しい気持ちが生まれ、天気だとか、ニュースだとかいった自分の気持ちと無関係な話題から、もっと個人的なレベルでの会話に気楽に入っていける関係が出てくるように思えます。

ところが、日本人の生徒たちには、ここにもハードルがあるのです。大人の人をfirst nameで呼ぶことに抵抗があるかどうかを同じように調べてみました。

英語に日本語のような敬語や謙譲語がないことに戸惑いを感じた生徒のうち、70％の生徒が、年上の人をfirst nameで呼ぶことに抵抗を感じているということでした。この数字は、英語に敬語がないことに戸惑いを感じた生徒の数とほぼ同じです。面白いのは、敬語がないことに戸惑いを感じなかった生徒でも、年上の人をfirst nameで呼ぶことに抵抗を感じた生徒が65％もいたことです。大人をfirst nameで呼ぶことに抵抗を感じるのは、日本にそういう習慣がないことに根差しています。ここでも、第二言語の学習は、第一言語の文化に大きく影響されているということが言えます。

生徒たちが、「名前を呼ぼうかな、でも失礼になるかな、じゃなんて言ってこちらを向いてもらえばいいのだろう」などとさんざん迷い、しかもまだその上に、youを使っては失礼になるのではないかなどと感じているのだとすれば、ホストが、「生徒が話しかけてこない」「いつも会話を始めるのはこちらから」と愚痴をこぼすようになるのも無理はないことです。会話の取っかかりの一番入り口のところでつまずいてしまっているわけですから。

名前を呼べない、呼ぶ習慣がないということは、友達作りにも影響します。キャンパスで、教室で出会う生徒たちの名前を覚え、次に出会った際に、"Hi, James!"と個人名を使って挨拶をすることで、距離はぐっと縮まります。まずは、名前を覚えられない、覚えても言えない、おまけに、話しかけるのは恥ずかしい、の三重苦を背負うと、友達を作るのに時間がかかってしまいます。

相手の名前を呼ぶことで、相手の関心を喚起し、会話に入る姿勢ができ、しかもyouという言葉を使うことに抵抗がなければ、あとは語彙さえ増やせば、会話をつまずかせる要因はなくなります。

この抵抗がなくなるまでに3ヶ月という生徒もいれば、1年経ってもなくならないという生徒もいます。当然と言えば当然ですが、おとなしくてあまり話さない、部屋に閉じこもっていることが多いとか、日本人同士では楽しそうにしているのに英語になると途端に黙ってしまう、こちらから話しかけない限り話してこない、といったネガティブなコメントがホストから聞かれます。こういった生徒の多くが、間違うことが怖い、文法が気になって話せないというほかに、first name に抵抗を強く感じている傾向にあることもわかりました。言語学習のメカニズムのひとつがわかり、こういう複雑な心の動きがあることがわかれば、生徒にこれまでとは違った働きかけができ、ホストファミリーや地域社会の人々とのなお一層の理解を図ることもできます。

知識不足・関心不足

自分を表現することに抵抗がなくなった時に、では何を話すか、話せるかが問題になってきます。アジア諸国から来ている生徒は、同年代の日本の留学生たちに比べれば、遥かに自国の国情に通じ、自国の社会情勢や未来のことを真剣に考えているように思えます。日本の生徒の多くは、最初の頃は、日本の社会情勢の話などになれば口をつぐんでしまいます。英語で語彙がないこともさることながら、何を話していいのかわからない、日本で何が起こっているのか知らない、全く無関心という生徒が大勢います。多分、普段、家では親とそういう会話を交わす機会があまりなく、学校では授業を消化することに忙しく、そういう方面に目を向け議論する場や機会がないのでしょう。

あまりにも経済的に恵まれ、子どもが家の中で何もせずに大事に育てられてきているためか、日本の子どもたちは本当にのほほんとしています。自分の世界に住み、周りにあまり関心を示しません。オーストラリアの友達が欲しいとは言うものの、ではそれに対して友達ができるような手だてを取るかというと、今あるぬくもりの中にいるほうがいいと言う生徒がたくさんいます。そういう生徒が関心を示すのは、自分の友達のゴシップ、ファッション、ミュージック、芸能界のニュース、テレビ番組の話に限られているといっても過言ではありません。留学中に世界のニュースに触れ、日本を見る目を養い、環境問題などに取り組んでいるうちに、急速にいろいろなことに関心を示し始め、自ら情報を集めようとする生徒たちが出てきます。

そういう段階に至れば、英語の語彙が急速に増え、話題も豊富になってきます。話題が豊富になれば、ホストを始めオーストラリアの人々との話す機会が増え、トピックがおもしろければ会話はどんどんふくらんでいきます。そして、生徒の会話力は急激に伸びてきます。

母語ですらもコミュニケーションが最低限のものしかできない、しないという生徒は、それを飛び越えて、英語で上手にできるようになりようがないのです。話す上でも書く上でも。

一方、母国語でのコミュニケーション能力が発達している生徒は、英語も学習なりに良いスピードで伸びていきます。口頭ではなかなかできなくても、書かせたら十分な表現力のある生徒も十分に伸びます。口頭で表現する訓練さえ積んでいけば、時間はかかってもきれいな英語を話すようになります。

留学してきた生徒たちが一番嫌がるのは、「あなたはどう思いますか?」「あなたの意見は?」と問われる瞬間だと言います。自分がどんな意見を持っているかさえよくわからない、人前で自分の意見を表明することに慣れていない、恥ずかしい、しかも英語でなんてとんでもない、というのがその根底にあるのですが、自分の考えていること、思っていることを表明するのは、コミュニケーションの核となる部分です。この部分に抵抗があるということは、母語であれ、第二言語であれ、言語使用を発達させる機会を自ら抑制してしまうことになります。

「話すことがない」

ホストファミリーの嘆きはまだあります。オーストラリアの人は、行き会う度に、"Hi, how are you ?" という言葉を交わします。1日に何度もその言葉が繰り返されます。朝起きてくれれば、“Good morning. How are you ?”と声をかけられ、学校から帰ってくれれば、“How are you ?, How was your day ?”と言葉をかけられます。親子、夫婦で電話をかければ、“Hi, how are you ?”で始まって、それから用件に入ります。

ホストが嘆くのは、今日は、こんなことがあった、こんなことを学んだといろいろな話があるだろうと期待して問いかけるのに、“good”の一言しか戻ってこないということです。この一言だけの反応は、ホストにはとても冷たく響きます。

“good”以外の言葉が出てこないことが英語の能力と関係があるかというと、答えははっきりとノーです。なぜかというと、自分の気持ちを話せる、今日何があったといった日常のことについての会話くらいは充分にできるだけの語彙もある生徒にもそれが起こるからです。生徒に質問をぶつけてみると、そのほとんどの場合、自分のホストがそんなふうに感じていたことにまず全く気が付いていません。

なぜ“good”だけで会話が終わってしまうのかその理由を聞くと、判で押したようにきまった答えが戻ってきます。「それ以上、何を言っていいのかわからない」「話すことがない」というものです。こういう生徒に共通しているのが、想像だけでなく、実際に、日本で、自分の親とほとんど話をしたことがないという事実です。

「親が忙しくて家にいないから」「夕食を家族と食べないから」「一緒に食べてもすぐに自分の部屋に入ってしまうから」「テレビを観ながら食事をするからおしゃべりする時がない」とかいろいろな理由を並べます。しかしながら、最終的に行きつくところは、やっぱり自分の親に対しても、「何を言っていいのかわからない」「話をすることがない」、だから親と話をしないということなのです。「自分のことなんて言ってもおもしろくないだろうと思うから」「自分のことになんて関心があると思わないから」という自分をまったく評価していないケースもあります。

では、誰とも話さないかというと、そういう生徒のけっこう多数が、日本では自分専用の電話を部屋に持っていて、友達と電話で2時間も3時間も、しかも毎夜話すというのです。今なら、LINEです。友達とならいくらでも話すことはある、でも親とは何を話していいかわからないという、驚くべき、そして、嘆くべき状態がここにあります。今は、誰もがスマートフォンを持っているので、この状態はさらに助長されています。

日本での親との接触があまりないことが、留学中にホストファミリーと話ができないという形で出て来ることは、とてもおもしろいことです。こういう生徒にとっては、"good"から先、さらに会話を続けていくのは、白紙に絵を描くのと同じくらいのエネルギーを要することなのです。悲劇なのは、絵の具も筆もあり、キャンバスもあり、モデルもたくさんいる、モチーフもデザインもたくさんころがっているのに、生徒自身が何の絵を描いていいのかわからないということです。

こうした悲しい状態が起こらないようにするためには、解決方法はひとつしかありません。親子の会話を増やすことです。一緒に過ごす時間を意識的に作り、会話の材料を見つけ、議論したり、意見を交わしたり、互いの考えに関心を示しながら、言語を通して交流の範囲と深さを増すことです。

枠から出られない

シドニーにシドニー日本人学校という学校があります。シドニーに滞在する日本人の子弟が在籍し、小学部にはオーストラリア人の生徒の入学も認めています。オーストラリア人の子どもたちのためには国際学級という部門があり、そこでは、主要科目はNSW州のシラバス（学習計画）に基づいて英語で教授され、音楽、体育、図工の3教科が、日本人教師によって日本人の生徒と一緒に主に日本語で教えられます。

日本から派遣される先生たちは、海外日本人学校での勤務に応募し、各都道府県の教育委員会と文部科学省の選考を経て、それぞれの任地に送り出されます。30歳前の若い先生から50代の先生まで、年齢層はまちまちです。この先生たちが、オーストラリアの生徒と日本人生徒の混合の授業を担当することになります。

私は、この学校に10年弱スタッフとして、また娘が国際学級に在籍した6年間は保護者としても関わりを持ちました。当時世界で85校ある日本人学校の中で、現地の生徒と日本人生徒が混合で授業を受ける唯一の学校でした。

オーストラリアという広大な自然の国、シドニーという美しい都市、政治は安定している、治安の問題はない、ということに加えて、この国際学級というのが大きな魅力のひとつになっているのか、応募する先生たちの希望校ナンバーワンがシドニーだったということです。シドニーに決まった先生たちは、文科省での研修会の時に、シドニーに決まったことを後ろめたく思うほどに、他の人々からの羨望《せんぼう》の視線を感じるほどにみんなが来たい場所なのだということでした。

オーストラリアの生徒たちを自分のクラスに受け入れた先生たちからは、大きく分けて二通りの反応があります。オーストラリアの生徒たちの反応がおもしろくて仕方がない、そしてとてもかわいいという先生たちと、オーストラリアの生徒たちはうるさい、やる気がない、忘れ物ばかりする、理解力が乏しいと始終愚痴をこぼす先生たちです。中には、オーストラリアの生徒たちを廊下や職員室で平気で「ばか」呼ばわりする心ない先生もいました。

現在では状況が変わっているかもしれませんが、90年代の初めまでは、この生徒たちを受け持つ日本の先生たちは、オーストラリア人の生徒をクラスで持つための特別な訓練や研修を受けているわけではありませんでした。シドニーに到着した翌日から、授業に突入するのです。これほど、教える先生たちにとっても、教わる生徒たちにとっても残酷なことはありません。言ってみれば、文化や言語や学習スタイルの違いの重大さを全く理解することなく、違うものの上に「違い」を重ね、その上で効果を出せということなのですから。体制側の無知のなせる悲劇です。

中にはすばらしい英語力をそなえた先生もいましたが、大半は、国際学級の子どもたちを操るだけの英語力はありません。一方、子どもたちは、先生や日本人生徒たちが言っている日本語を理解するだけの日本語の能力がありません。言葉がうまく通じなくても、うまく導いていける先生たちは、オーストラリア人の子どもたちだけでなく保護者ともすばらしい絆を築き、文化を超えた交流を楽しむ一方、日本人生徒と全く違った反応をする生徒たちにお手上げとなり、どうしようもない欲求不満に陥る先生もいました。

その中で、顕著な現象がありました。音楽や図工の時間に、オーストラリア人の生徒たちと日本人の生徒たちの間に、学習過程と成果の中にはっきりと違いがあることです。日本人の生徒たちは、楽器をさわらせればすぐうまくなるし、きれいな音を出します。オーストラリアの生徒たちは、楽器で遊んだり、自分の音を作って楽しんだり、なかなか先生の思うようにはいきません。ピアノのコンクールなどに行くと、小学校の部の日本人の生徒たちの技術は恐ろしく正確で難しい曲を弾きこなしますが、オーストラリア人の生徒のほうは、どちらかと言えばまだたどたどしさが感じられるような弾き方をする生徒がたくさんいます。

図画工作の時間も同じです。日本人生徒のほうは、一生懸命に形を整えたとてもきれいなものを作り出します。オーストラリア人の生徒のほうはというと、絵の具でわけのわからないようなものを描いたり、原色をぶつけたり、それぞれの「遊び」を楽しむほうが忙しいようです。読書週間のポスターなどのコンクールでは、日本人の生徒たちが圧倒的に上位を占めます。

これが、小学校の高学年からハイスクールになると大分様子が違ってきます。日本人の生徒たちは、周りの目を気にしたり、自意識が強すぎたり、また、小さな時からしっかりと教わってきた「枠」や「形」からはみだすことができず、高い能力や技術を持っているにもかかわらず、もう一歩の跳躍ができないところで留まってしまいがちなのです。一方、オーストラリアの生徒たちは、演劇、ミュージック、ダンス、絵画、スポーツと様々な方面で、大胆な想像性、創造性、即興性、オリジナリティに富んだものを制作し始めるようになります。

良き学習者にするためには、あるいは良い成果を出すためには、枠に入れてでも、最低必要な生活および学習習慣を付けさせるという徹底した教育は、個性を押し隠してしまうという面がなきにしもあらずということは知られています。しかしながら、全体の学習レベルを押し上げることは確かです。日本人学校にいる時には、先生たちをてこずらせた国際学級のオーストラリアの生徒たちですが、かれらを受け入れるハイスクールでは、シドニー日本人学校の国際学級から来た生徒たちは、押し並べて行儀が良く、学習に向かう姿勢があり、成績がいいという評価が確立されていました。

良き学習者となるために最低必要な生活および学習習慣を付けることと、生徒の個々の能力を伸ばしていける生活・学習環境を作り出すことは、決して相反したことではなく、十分に可能なことです。既にきちんとした学習・生活習慣を持った生徒が留学してきた場合には、オーストラリアの個々の能力を伸ばすことを大事にする学習環境の中で思い切り伸びていきます。

基本的な生活・学習習慣を持たない生徒が留学してきた場合には、高い成果を期待するのは難しいのですが、そういう生徒でも、きちんとした生活・学習習慣を確立した時には、しばしば美しい大輪を咲かせます。

日本からオーストラリアに来た生徒たちの多くは、たまたまそういう年齢でもあるのでしょうが、自意識の固まりです。周りの目が気になり、自分がどう思われるかを気にし、意見を言うことができません。この枠を抜け出るには大きな勇気が要ります。それができた時、生徒は、無限に伸び始めます。

表現することは楽しい

オーストラリアの学校の授業では、先生が話している最中に、生徒が質問することがしばしばあります。手を挙げて先生の指示を待ちさえすれば、いつでも質問することができます。先生は、生徒が質問することを大いに歓迎します。そこから、討論が始まることも稀ではありません。オーストラリアのクラスには、とても活気があります。うるさいほどにクラスはにぎやかで、先生と生徒の間に常に意見や見解のやりとりがあり、生徒が授業運びに大きな役割を果たします。

小学校の中にあるK1という幼稚部（1年生に就業する前の年）のある朝の風景をちょっと覗いてみました。教室の中は、生徒の描いた絵や作文や色とりどりのポスターが、所狭しとばかりに、にぎやかに飾られています。壁だけでは足りなくて、壁から壁に紐を渡し、そこにも洗濯ばさみで作品が下げてあります。子どもたちは、4歳児と5歳児です。25歳くらいの若い先生が小さな椅子に座り、生徒はじゅうたんを敷いた床に輪になって座り、先生が話し始めるのをじっと静かに待っています。生徒の数は全部で24人です。今朝の授業の目的は、週末にしたことをみんなに話し、それから同じことを文字にしてみることです。

先生の横には、「8月22日、日曜日。今日、私はマンリーのおもちゃフェスティバルに行きました。たくさんのおもちゃがありました。とても楽しかったです」と書いた文章が下げてあります。白い模造紙に緑色のインクで、とてもきれいな文字で書かれています。さらにその横に、「who, when, where, what」と書かれた小さな紙がぶら下がっています。

先生が、「みんなに週末に何をしたのかを尋ねる前に、私がしたことを書いてみました」と言って、一人の子どもにそれを読むように言いました。けっこうすらすらと読んでいきます。他の子どもたちは全員黙って聞き、視線はしっかりと文字を追っています。下を向いている子、となりの生徒に話しかけようとする子には、先生がそっと合図を送り注意します。

「では、今度はみんなが何をしたのか聞きますよ。誰が、いつ、どこで、何をという4つを必ず入れて、最後は、自分がどう思ったのか、ということを付け加えましょう」という先生の言葉に、次々と手が挙がりました。でも、自分があてられるまで、黙っています。静かに他の子どもの言うことを聞き、自分の順番を待っています。

先生は、一人ひとりの子どもの話に耳を傾け、最後に自分がどう思ったのか、感じたのかという部分が出てくるまで待ちます。それが出てこない場合には、子どもにあなたはどう感じましたか、どう思いましたかという質問をぶつけ、子どもの自分の気持ちの描写に対して、必ず、先生のコメントを加え、そして、他の子どもたちのコメントも歓迎します。それからようやく、次の子どもにと移っていきます。

4歳、5歳の頃から、自分の感じたこと、思ったことをはっきりと人前で言うことを奨励され、その訓練をされているのです。しかも、自分の感じたことに対して、周りの人たちがどう感じ、何を思うかというフィードバックさえあります。

こうした自分の気持ちや考えを述べることを奨励するのは、小学校だけではありません。もっと小さな子どもたちがいる幼稚園に行っても、「自己表現」という分野に重きが置かれている印象を受けます。

幼稚園の時から、自分の思っていることを自由に述べることを奨励し、悲しい時には悲しい、怒っている時には、なぜ自分が怒っているのか、楽しい時には、こんな楽しいことがある、ということを話し、みんなにわかってもらい、一緒に楽しんだり、嘆いたりすることを教えていきます。小学校の授業では、わからなければわからないと手を挙げて先生に伝える、自分の意見があればすぐにそれをみんなに伝える、人の意見を聞いたらそれに対して自分の意見を言う、といったことが毎日のいろいろな授業の中でごく自然に行われています。

表現力は、ハイスクールになるとより必要とされる基本的な能力です。どの科目においても、自分を表現することが求められます。語学や歴史ならば、自分の考えや意見をエッセイにまとめ、討論で発表しなければなりません。音楽、美術、ドラマなどでは、自分の創作発表が求められます。木工とかデザイン、フォトグラフィなどでも自分で創作しなければなりません。どれも、みんなオリジナリティと創造性が求められます。プロのものかと思うほどにすばらしい作品を創作する生徒たちが数え切れないほどいます。

対照的なのが、日本からきている生徒たちです。高校生という年齢も大いに関係があるのでしょうが、授業中に自分の意見を述べたり、質問したりするのはかれらがもっとも苦手とするところです。また物を制作するのも、形を与えられれば、完璧に仕上げることができるのですが、無から自分で造るということになると、特に留学したばかりの頃は、独創性を発揮する生徒はほとんどいません。慣れてくると、すばらしい才能を披露する生徒たちが出てきます。

日本からの留学生を受け入れたオーストラリアの先生が最初の頃どんなことに困るかというと、英語が自由に使えないことは別として、「質問してもなかなか答えが戻ってこない」「自分の意見を言わない」「理解しているのか理解していないのかよくわからない」ということです。

日本の教室の中では、静かに先生の講義を聞き、黙々とノートをとり、質問された時だけに先生の求める答えを答え、テストで良い点数を取る生徒が優等生とされます。オーストラリアでは、聞く時に聞き、質問を投げかけ、調べることをきちんと調べ、自分の意見を堂々と述べ、先生とリズムに乗ったやりとりができ、クラスの授業運びに貢献できる生徒が良い生徒とみなされます。

日本人の高校生が授業中に自分の意見を述べたり質問したりしないのは「礼儀」なのだ、と研修にみえたある日本の高校の校長先生が説明されました。先生の授業の邪魔をしない、先生の権威を問わない、またクラスの仲間の学習を中断しない、という礼儀だということです。

生徒たちに問うと、「先生に悪い」「何を質問していいのかわからない」「授業中に質問なんてしないのが習慣」「子どもっぽい」「質問は中学校まで、もう高校になったら、質問があれば授業の後に聞くのが当たり前」といった答えがありましたが、圧倒的に多いのは、「かっこうつけていると他の生徒に思われる」「ばかなまねしていると他の生徒に思われる」というものでした。

つまり、他の生徒と自分との関連がとても重要で、自分を表明したり、自分のわからないことを明らかにしてより理解を深めたりするよりも、自分がどう他の生徒に映るかということのほうがはるかに大事なようです。

生徒たちが、人間は誰もみんな同じではない、自分が感じることや考えることが、自分の友達と違っても当たり前なのだ、おかしくないのだ、そして、同じクラスにいる人が違う意見や違う考えを持っていて当たり前なのだと肌で感じられるようになるまでには本当に時間がかかります。簡単にこの感覚を変えることはできないようです。自分の考えが違っていたら恥ずかしい、他の人はどう思うだろうか、へんに思われたらいやだから何も言わないほうがいいという感覚を捨て去るには、1年では足りない場合もあります。

この時間のかかる分が、英語による学習の上でも上達を促す上でのブレーキとなってしまいます。日本語ですら表現できない気持ちが英語で表現できるはずがありません。他の国々の人々の英語の表現力が日本人の平均に比べて圧倒的に違うのは、自分を表現する、自己主張をするということに大いに関係しています。学校内で見ている範囲では、ベトナム人にしても、タイ人にしても、中国人にしても、韓国人にしても、使う英語の正しさや発音のきれいさにこだわることなく、自分の意見を主張し、自分たちが国を背負って立っているという気概すら感じられます。

こういう学習の過程において、日本人の留学生たちも、世界のことを知るためには、自国の文化を知ることが重要であることを悟ります。留学前にはいやがっていた日本を異なる視線と関心で眺め、日本の文化を尊びありがたく感謝する気持ちも湧き、日本について語ることに誇りを感じ、知ってもらうことに喜びを感じるようになります。

いったん自分を表現することの「自由」と「解放」を感じると、今度は自分の意見を言うことが楽しめるようになってきます。そして、それは、言語だけではなく、音楽、絵画、ドラマといった創作の部分にも独自の表現が出てくるようになります。自分を自由に表現し始めた生徒は、目に見えて光ってきます。いきいきとしてくるのです。そして、とても魅力的になってきます。

現地の人々との交流が盛んである故にそれが可能であり、会話が流暢になりますます魅力を増すから、交流はさらにもっと深まっていくという楽しい回転の輪をころがすことができます。毎日が楽しくてしかたのない留学生活となっていきます。留学した目的が確実に成就していくことが全身で感じられ、生きていることの喜びを満身で感じるようになります。

人生を豊かにするコミュニケーション

コミュニケーションの最大の目的は、情報の収集と伝達および意思疎通です。

留学の成果は、言語学習の上においても、新しい環境で出会う人々との絆を築く上においても、コミュニケーションがどれだけ上手にできるかが鍵だと言っても言い過ぎではありません。コミュニケーションは、言葉だけではありません。伝達する内容はもちろんのこと、言葉遣い、心遣い、気遣い、表情、body language（表情を含む体全体の仕草）、伝達手段、タイミング、声のトーン、間の置き方など、様々な要素がその成功度を左右します。

授業も、コミュニケーションが軸です。先生の言葉をどれだけ受け止め、理解できるか。先生は、生徒の言葉や表情や仕草を理解し、それに応えることができるか。どれだけ生徒に届くように工夫できるか。先生と生徒の間にどれだけの交流があるか。生徒がどれだけそれに応え、リズムに乗るか。そうしたことで、授業の中身も結果も収穫も違ってきます。

ホストファミリーとの人間関係の鍵を握るのも、コミュニケーションです。

英語力の伸びが早いのは、英語がブロークンでも、文法的にどうであっても、意志を通じさせようと、ともかく一緒にいて話をするという姿勢を初めから持っている生徒です。ホストに、学校でのできごと、教わったこと、友達のこと、自分の気持ちなどをこだわりなく話し、出かける際には詳細な情報などを伝達し、宇宙や政治や映画やコメディやニュースなど様々な話題をホストと楽しむ生徒、お料理を通して会話を弾ませる生徒など、ホストとの会話を充実させている生徒たちです。英語は使えば使うほど上手になるという当然の道理です。

留学後、こちらのキャンパスで友達となった人々と、大学に入ってからも、社会人になってからも交流が続いているケースがたくさんあります。また、ホストファミリーと深い絆を築いた場合には、数年後、5年後、10年後に訪ねてくる生徒たちもいます。

今の世界ですから、友達がアメリカにいる、ヨーロッパにいる、インドにいる、タイにいる、シンガポールにいるというのは、ちっとも珍しいことではなくなってきています。インターネット上での交流も極めて簡単にできます。ビジネスの協力を得る人たちもいます。

そうしたものは、みな、良いコミュニケーションから生まれた財産です。

こうしたたくさんのすばらしい結果が生み出される一方で、日本人の若者たちのコミュニケーション能力の「欠如」が頻繁に指摘されるという事実があります。本当は、「欠如」ではなく「違い」なのですが、日本の文化の中で上手に機能しているもの、あるいは、機能していなくてもそれが社会通念として通っている方法が、英語の学習を促進するためにはむしろブレーキとなってしまっていることから、「欠如」としてみなされがちです。コミュニケーションの仕方の違いは、英語圏で暮らす体験を広げる面においても飛躍を制御するブレーキとなってしまうことが往々にして起こります。

留学してくる若者たちの多くが、一番苦手とし、四苦八苦するのが、このコミュニケーションです。言葉の壁ではなく、姿勢と考え方の違いです。「欠如」だと指摘される部分は、情報を提供しない、会話を始めることがない、積極的な参加がない、ディスカッションに加わらない、ということにほぼ集中しています。

文法が間違っていないと自分の中で確認ができるまで口を開かない生徒、話が大好きで日本語だといくらでも話すのに、英語になると頑《かたく》なに黙ってしまう生徒、部屋に閉じこもる時間が多く、夕食の際にも会話に加わらず、質問されても最小限の言葉のみの反応しかしない生徒は、会話力の伸びが限定されてしまうだけでなく、ホストファミリーとの絆も深いものにはなりません。

仲良しの友達の間ではよく話すけれど、全体の中になると黙ってしまう生徒。日本語でも英語でもほとんど会話らしい会話をしない生徒。そういう生徒は、日本語でも英語でもごく限られたコミュニケーションしかできない結果となります。

本人たちは、16年間それで過ごしてきているので、特にそれがおかしいとか、学習の妨げになっていると感じるわけではなく、もっと伸びるために別のアプローチの仕方を求められると、アクションに移すまでにはとてつもない努力とプレッシャーを強いられると感じるようです。根本を変えなくても、演技を付け加えることで自分に大きなプラスがもたらされることを数回体感すれば、演技は、徐々に自分のものとして身に付き、それが自然にできるようになっていくのですが、時間がかかります。

沈黙の国から来た若者たち

オーストラリアに暮らしていて痛切に思うのは、日本人の高校生は、言葉を口に出さない、ということです。文字にすれば、心の中で深くひろがる思考や感情を表現することができ、頭の中で巡る思考を組み立てることができるのに、口頭となると、ポロッ、ポロッ、ボソボソ、としか出てこず、日常の生活に必要な情報交換すらもまともにできません。一対一の会話は進んでも、数名になると沈黙が続きます。

その寡黙さは、他の国々から留学してくる若者たちと比較するとさらに鮮明に浮き彫りになります。

オーストラリアには、たくさんの国々から若者たちが留学してきます。中国、韓国、ベトナム、インド、ブラジル、チリ、そして、EUの国々からも。みんな、よく、話します。自分の国のこと、文化のこと、将来への夢、地球社会や未来に貢献できること、世界の問題点、先進国への不満、発展途上国の問題など、まあ、実によく話をします。

英語の問題ではありません。英語力にかかわらず、ともかく話をしたいのです。熱く語りたいのです、自国のことを。そして、豊かな知識を持っています。日本の学生は、そのほとんどが黙っています。意見を言わずに聞いています。そして、名指しで呼ばれて初めて自分の意見を言います。一対一であれば、また、特定の話題であれば会話が発生することもありますが、そうでなければ、本当に口を開きません。特に授業中は。

この違いは、極めて、大きなものです。自国の文化をよく知らない、世界のどこに日本が立っているかがよくわからない、将来自分が日本のためにしたいことを熱く語れるだけの情熱を持っていないとなると、少し寂しいものがあります。

なぜ日本人は、口頭でのコミュニケーションにここまでのためらいを持つのかは文化の中に答えがあるように思います。歴史、風潮、価値観、美意識、人間関係のあり方、地域社会のまとまり方など日本独特の文化が人々との交流や理解のためのコミュニケーションのありようを支配しています。学校も、家庭も、そして、個人も、その文化の中に存在するものなので、全体の流れに包み込まれているのは当然です。さらに、美であり優雅である日本語の特性が会話をより難しいものとしてしまっています。

日本の文化のひとつの大きな特徴は、「静」が「美」であることです。華道、茶道、日本庭園など、いずれも静寂と美が一体となった世界であり、日本文化の真髄です。その「静」が、人間関係の中にも現れています。奥ゆかしさ、控えめ、丁重、建前の尊重など、日本のコミュニケーションで重んじられることは、そのまま日本の文化の良さを受け継いでいるところです。

仏法の真髄を理解するまでには至らなくても、言葉なくして人の心を理解せんとする「以心伝心」という表現、「一を聞いて十を悟れ」という教えなど、話をせずに相手の心を知る、言わなくてもわかってくれるはずという感覚が体に沁《し》み込んでしまっています。できるだけ控えめに話すことがおくゆかしい礼儀とされます。

そのためか、自分を表現することに後ろめたさを覚え、話をすること、特にお互いの立場や考え方、感じ方を言葉に表現して話し合うということをいやがり、そのまま流してし

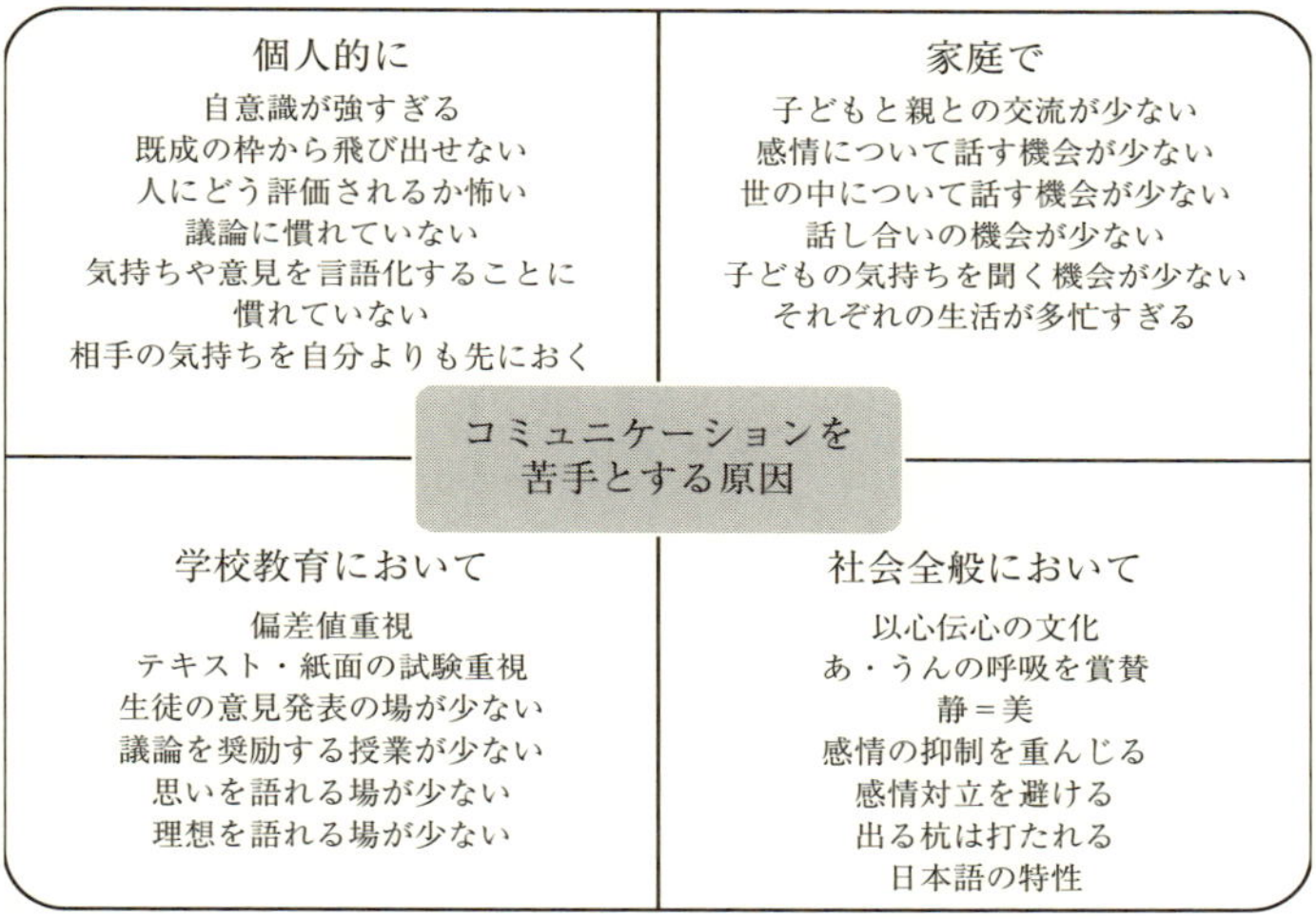

個人的に	家庭で
自意識が強すぎる 既成の枠から飛び出せない 人にどう評価されるか怖い 議論に慣れていない 気持ちや意見を言語化することに慣れていない 相手の気持ちを自分よりも先におく	子どもと親との交流が少ない 感情について話す機会が少ない 世の中について話す機会が少ない 話し合いの機会が少ない 子どもの気持ちを聞く機会が少ない それぞれの生活が多忙すぎる
学校教育において	社会全般において
偏差値重視 テキスト・紙面の試験重視 生徒の意見発表の場が少ない 議論を奨励する授業が少ない 思いを語れる場が少ない 理想を語れる場が少ない	以心伝心の文化 あ・うんの呼吸を賞賛 静＝美 感情の抑制を重んじる 感情対立を避ける 出る杭は打たれる 日本語の特性

オープンなコミュニケーションを抑制するもの

まうものの、話し合いができないために不満をつのらせ、それが何かのきっかけで爆発した場合には、勢いでついつい相手を傷つけるような段階にまで発展してしまうこともあります。

相手の考えていることをそっと察し、相手の欲するようにこちらが動くというのは、決して日本だけにある美徳ではなく、どこの国においても、どの文化においても、人間関係のひとつの微妙なそして繊細な資質です。相手に対する深い思いやりの心です。

でも、その人のことを深く理解していなければ、言葉なくして相手のことを理解することはできません。その人の感受性、感じ方、考え方、思考経路、好みなどを深く知らなければ、その人の感じていることや考えていることを理解することはまず不可能です。深く理解していても、毎日の忙しい生活の中ではいろいろなことが起こり、その人のすべてを把握できるわけではありません。そうなれば、コミュニケーションなしに相手を理解し、自分を理解してもらうことは神業です。

不満を表に出しても、たいていは、当事者同士ではなく、第三者に愚痴をこぼすという形は、日本によく見られることで、問題は片付かないままです。

一言、言葉を交わせば、何も不貞腐《ふてくさ》れたり、腹を立てたりすることはまったくないのに、自分が何を今期待しているのかを相手に伝えないまま、相手に自分の欲していることを察してもらい、なおかつその気遣いを見せてほしいと期待する、でもその期待が裏切られた。だから、自分の自尊心が傷つき、相手に腹を立て、自分にも腹を立てる結果となります。冷静に考えれば、いかにもばからしいことなのですが、それが一人芝居であることにたいていは気が付いていません。

それが積もり積もると、欲求不満の塊《かたまり》になり、自分を不幸な人間と思うようになり、相手ばかりを責め、お互いの心が離れ、信頼がなくなり、やがてはその二人の間の人間関係は収拾のつかないところに行き着いてしまいます。人間とはなんとややこしいものなのでしょう。

古代エジプトでは、「人間関係は芸術だ」という格言があったそうですが、それほどに、社会の中で生きる人間は、数千年も前から人間関係の美しさと難しさを感じていたということでしょう。自分自身と上手に絡むことも難しければ、自分以外の人と関係をうまく織り成すことは、さらに、繊細で、美しく、難しく、ほんのちょっとのタッチでこの上なくよいものにできる時もあれば、崩してしまうこともあります。

その裏にあるものは、理解したい、理解してもらいたい、つながっていたい、愛したい、愛されたいという気持ちです。その気持ちが強い故に、言葉に出して理解してもらえなかったら、あるいは、表現したために誤解が生まれてしまったら、言ったために嫌われてしまったらどうしようという不安や恐怖が先立ち、言葉にすることをためらってしまいます。また、人に向かって話すということは、勇気が要り、決断が要り、面倒でもあります。自分の中で始末してしまったほうが、らくだということもあります。

しかしながら、その一方で、言いたいことが素直に言えない、出すべきものを上手に出せない、伝えるべきことが表現されないままになることで、人間関係や社会が上手に機能しないことも多々あります。秩序があり便利で清潔で、高度に発展した国で、うつの状態になってしまう人々や精神を患う人々の数は増える一方、自殺者の数も一向に減りません。ニートやひきこもりになってしまう人々、学校に行くのが苦痛となる子どもたち、いじめに走る子どもたちといじめられる子どもたち、児童虐待など問題だらけです。

こうした問題は、個々に離れたところで発生するものではなく、みな底でつながっているものです。もう少し心を開ける場所があれば、そして、思っていることを気軽に口に出せる機会がもっと日々の生活の中にあれば、心を通じ合わせる人々が周りにいれば、問題となる前に解決ができるものがたくさんあると思います。

コミュニケーションと人間関係は表裏の関係にあり、良い方向にも悪い方向にも比例するように見えます。コミュニケーションがしっかりしているところには、信頼があります。信頼がなければ、些細《ささい》なことで問題が起きます。普段からコミュニケーションが盛んならば、大きな問題が起きても、まず、「信頼」が先立ちます。疑心暗鬼にならなくていいのです。もっと親密なコミュニケーションを図り、周りの人々との連携や絆を深めていくことが改善の鍵となります。そして、その手始めは、各家庭です。

コミュニケーションの基礎は家庭から

良いコミュニケーションを築くのは簡単ではありません。そして維持するのはもっと難しいことです。人間はみな違います。それぞれに違う人間が互いに理解し合おうとするのですから、意識的な努力なしには成り立ちません。

例えば、夫婦なのだから、一緒に暮らしていたら互いにわかるはずなどとタカをくることは、良い関係を自ら放棄してしまうに等しいことです。夫も妻もまったくの別人格。育った環境も違います。神様、仏様でもありません。以心伝心で互いの心などわかるはずがありません。「あばたもえくぼ」の時期が過ぎたら、二人をしっかりとつなぐのは、信頼と愛を運ぶコミュニケーションのみです。

人は、本来疑い深いのか、それとも取り残されることを恐れるからなのか、愛し合い、互いに深く理解している人たちでさえ、コミュニケーションがちょっと途切れたり、言葉が足りなかったり、一言余計だったり、ニュアンスがおかしかったり、うっかりと使い間違えたりすると、たちまちぎこちなくなってしまうことがあります。簡単に気分を害し、疑心暗鬼になるのです。たった一言のために。逆に、一言がなかったために、誤解を生み、信頼を失ってしまうことだってあります。親子の間も同じことです。

信頼があってもそうならば、それに先立つ元々のコミュニケーションがなかったら、一体、どんな関係になるのでしょうか。冷たい関係、縁の切れた関係になることは想像に難くありません。

良いコミュニケーションを保つには、毎日の生活の中で起こることに反応するのではなく、二人の人間が出会った瞬間から、良い関係を築く「意識」を持つことが基調となります。その上で、共有できることをこれも意識的に探し、意識的に努力を維持する必要があります。

時間、活動、関心、好み、情報、感じ方、考え方、価値観など、共有するものが多ければ多いほど効果的です。違いを擦《す》り合わせ、調整し、交渉し、互いを理解し、気持ちを交わすことができれば、愛と信頼は自然に湧いてきます。これすべて、意識的な行為です。自然にそうなるものではありません。

いつ、始めるのか？　子どもが生まれた日から？　遅すぎます。赤ちゃんがお腹に宿った時から？　それも遅すぎます。夫婦ならば、二人が出会ったその瞬間が良いコミュニケーションを始める瞬間です。夫婦が互いを信頼し、尊重する良いコミュニケーションを持っていれば、自然に絆はいいものとなります。夫婦の絆がいいものであれば、二人の間に生まれてくる子どもたちが両親から受ける愛情も絆も自然にいいものとなります。子どもたちは、二人の大人の健全なコミュニケーションを見て育ちます。

英語には、interpersonalという便利な言葉があります。International（国際的）がnation（国）の間を行き来してつなぐ言葉なら、interpersonalは、person（人）の間を行き来するもの。つまり、自分と人を関連させる能力を指し、良い人間関係は、一人ひとりの人間が持つインターパーソナル・スキルにかかっています。

人類は、インターネットというすばらしいコミュニケーション・システムを開発しました。ところが、生身の人間のコミュニケーション、言い換えれば、人間同士の接触は、日に日に希薄になっていくようです。他の人と絆を結べず、上手に気持ちを表現できない人間が世に溢《あふ》れてきたのは、なんとも皮肉で悲しいことです。

経済的に余裕のある生活をめざす仕事中心の夫婦の日常。子どもたちは偏差値を上げるための学習とお稽古ごとに忙しい。家族の誰にも気持ちの余裕がない。そんな日常生活におけるインターパーソナル・スキルを培う機会は失われていく一方です。

オーストラリアに留学してきた高校生がびっくりするのは、ホストの家庭生活の中身が濃いことです。喧嘩も言い合いもあるけれど、夫婦も親子も関係が密接であり、時間を一緒に過ごし、行動を共にする密度に感心します。

一方、日本で、親と夕食を共にし、その日のできごとや思いを語り、世の中のことについて議論し、一緒に過ごす時間が多いという生徒はむしろ稀です。クラブ活動やボランティア活動、塾での勉強に忙しく、夜遅く帰宅し、夕食を済ませたら自分の部屋に入るか寝るかで、親との接触はほとんどないという生徒が逆に多いのです。そういう子どもたちが、世界に起こっているニュースを語ることができず、大人と話をしたり、議論したりすることを苦手とするのは、単なる偶然でしょうか。決してそうではないでしょう。

テレビやコンピューターゲーム時代の落とし子は、もう既にたくさん出現しています。手中にある小さな機械をベッドの中でも離すことができず、学校では授業に集中できないのに、いったんコンピューターという名の機械に向かうと生き返る。生きた人間とのインターパーソナル・スキルはゼロに近いのに、コンピューターの仮想の世界とは生き生きと交信できる。一体、どういうことなのでしょう、これは。

生身の人間とのコミュニケーションは、シナリオのない毎日の生活の様々な場面での体験を通し、練習を重ねていくことでしか学習できないのです。こればかりは、本から得る知識ではどうにもなりません。ＰＣからでは絶対に学べないのです。実際に生きた相手と体験を積み、感情のひだを蓄積し、それに合わせ対応の仕方を学んでいくしかありません。

その基本は、お母さんのお腹の中で育つ時に始まり、生まれた瞬間から実地の中で学んでいくものです。周囲の人々との話や声、母と子の接触、母親の声、父親の声や言葉、兄弟姉妹の笑い声、おじいちゃんやおばあちゃんの語りや会話、子どもを囲む家族みんなのやり取りの中で学んでいくものです。

その基本ができていてこそ、幼稚園や小学校などそれに続く外界でのコミュニケーションが上手にいくだろうし、そこから学ぶこともうまくできるようになります。

実際に子どもたちがどんなことを苦痛と感じているのか、そして、和を強める家庭内のコミュニケーションはどうすればいいのかについては、付録・参考をご参照ください。

高校生を見ていて痛切に思うことは、高校生の年齢までには、自分なりのインターパーソナル・スキルのパターンができあがっていて、それを広げたり、改善したりすることは、意識的な訓練、それも本人がそれを望み相当な時間の訓練をしない限りとても難しいということです。インターパーソナル・スキルを上手に発揮している子どもたちの場合、通常、親子の強い結びつきがあります。愛に満ちていることが伝わってきます。反面、その能力を十分に発揮できない子どもたちの場合、往々にして、親との間になんらかの隔絶があってコミュニケーションがないとか、家族の間に深刻な問題があったり、争いがあったりします。

子どもを囲む大人の世界の人間関係が断絶してしまっていたら、子どもの心が閉ざされてしまうのは、決して単なる偶然ではありません。なるべくしてなった必然の結果です。将来、どういうパートナーを選んだらいいのか、どんな人間関係が望ましいのか、どういう家庭を築いていったらいいのか、子どもを大事に育てるといったことを学び考える時間を、彼らが世に出て親になる前に、高校の授業の中に取り入れて教えることは国家の急務です。

子どもは親に認められたい

留学生を預かるホストファミリーが困るのは、連絡がないこと、きちんとした情報が伝わってこないことです。なぜ伝えないかと理由を問われると、「日本ではいちいちそんなことを言う必要はなかった」「言ったらダメだと言われると思ったから」「わかってもらえるとは思わなかったから」「ホストが困るだろうと思うから」などと言います。試みもせずに自分の中で答えを出してしまっているのです。この裏には、日本の家庭の中で、親に自分の状況を伝え、それに対して、何かいい方法がないかどうかを一緒に考えたことがない背景があります。

こういう状況にあるのだということを伝え、それぞれの状況を並べ、その中でベストの解決方法を図ることを小さな頃から訓練されていると、人生の毎日のいろいろな場面で臨機応変に人々との関連を考え、自分のしたい方向に向けて上手に動くことができるようになっていきます。敢えて訓練しなくとも、家の手伝いをする、親子で一緒に何かを作る、作業するというようなことが頻繁にあれば、どう動くか、何を相手に伝えたら共同で上手にできるかが自然とできるようになります。

日本人がもっとも苦手とするものは、自分の気持ちを正直に相手に伝えることのようです。率直に言い過ぎれば、相手を怒らせたり傷つけたりすると心配します。言わなければ、事の流れは自分の思うようにはなりません。言うことによって、感情を害したり害されたりするのなら、言わないほうがいいと思ってしまい、どうしたらいいかといろいろ考えあぐねているうちに、だんだん面倒になってしまい、結局、思っていること、疑問に感じていること、自分がしたいこと、自分が受けている印象などを全部自分の中にしまい込んでしまって、相手に伝えないままになってしまいます。

この複雑な心のあり方が、情報という単純明快な事実すらも口に出せないようになってしまいます。単に、友達と出かけたいとか、予定が変更になったといった、何時に帰るといった、極めて基本的なことに関してさえも、あれこれと相手と自分の気持ちを、自分の頭の中で回転させ、結局、肝心のことを言わないままにしてしまうケースが多いのです。

単なる情報でさえもそうであれば、自分が本当に言いたいことなどは、ただ悶々としているだけで口に出せません。伝えないから欲求不満やうっぷんなどやりきれない気持ちが心底に積もり、それが、往々にして、浮かない顔、ふてくされ、無愛想、やつあたりといった形で出てしまいます。

たいていの場合、周りの人間は、なぜその人がそんなふうにツンケンするのかわかりません。なぜなら、その人は自分の思い込みや思考で一人芝居していることに気が付いていないからです。それが続くと、周りも次第に、不愉快になり、やがて、人間関係はギクシャクしてしまいます。

子どもに、してはいけないことを注意できない、という親が少なくありません。子どもにきらわれるかもしれない、子どもの心を傷つけるかもしれない、言わなくてもそのうち直るかもしれない……と放っておくうちに子どもの心はそれとは関係なくどんどん離れ、その行動は修正がきかないようになってしまう。そこに至ると、もう親子が心を割って話すこともできなくなってしまっている。それが高じると暴言を吐き、暴力が加わり、破滅的な状態になっていきます。

親が子どもに心を開かなければ、子どもは、どうやって心を開くことを学ぶのでしょうか。親が子どもと過ごす時間を作らなければ、子どもは親といつ心を交わし合うのでしょうか。親が子どもといろいろな話をしなければ、子どもは、親はなんでも話せる存在なのだということをいつ学ぶのでしょうか。親が善悪を教えてやらなかったら、誰から学ぶのでしょうか。

学校にあがったら何とかなるだろう、などと思ったらとんでもないことです。学校にあがるまでに、その基本は決まってしまうことなので、それを教えることができるのは、家族の大人だけです。

以前は、社会全体が子どもたちのしつけや育成に関わっていたものが、核家族が当たり前の生活スタイルになってからは、個々の家庭の責任だけに任され、祖父母の知恵は疎《うと》ましく思われるようになり、公共の場で注意をする大人もいなくなってしまいました。

戦後の日本経済の復興のために夫、父親は企業戦士として家にいなくなり、育児も教育も母親任せ。経済復興が進むにつれ、経済的なゆとりや物質的な豊かさが心の豊かさにとって代わり、より良い学校に子どもを入れるための教育競争は母親たちの競争になり、否応なくその流れに巻き込まれることになりました。

良妻賢母という、夫に寄り添い一緒に子どもを立派な社会人として育てる母親像はいつのまにか消滅し、夫から家庭を奪い、子どもの父親よりも強い教育ママが登場してきました。夫、父親はますます家、育児や子育てから遠ざかり、仕事が人生のすべてとなり、子どもは一緒に遊ぶ時間もなければ、父親という人生の模範を身近にみることもなく育つようになります。ちなみに、１９９０年代前半に留学した男子生徒の多くが次世代を育てる年齢に達しています。Facebookに頻繁に登場するハズバンド、パパたちになっている姿に、仕事だけでなく家庭での時間も大事にしている様子が窺われるのは頼もしいことです。

習い事にスポーツ、学校に塾。成績が良いことが絶対の軸であれば、そのはしごを上手に登っている子どもたちは、「勝ち組」と評価され、一目置かれ、それなりに大事にされます。それだけでは満足できず、さらにもっといいところ、もっといい大学と求められます。その競争に疲れてしまっても不思議ではありません。

もし、成績が良くなければ？　プレッシャーに曝され、さらなる努力を求められ、それでも結果が出なければ、挫折の罠《わな》にはまり、勉学の意欲は落ちるばかりでしょう。親からもプレッシャーがかかれば、行き場はなくなります。

学び以外に、輝けるところがいくらでもあるはずなのに、それが与えられず、学校の成績だけが自分の価値を決めるものだと思わされたら、社会から身を引きたくなったり、切れてしまったりしてもちっとも不思議ではありません。まともに学ぶ機会を失った子どもたちは、やがてまともに働けない大人たちとなり、20年後、30年後に社会全体の負担としてそのつけはまわってきます。

子どもは、親から求められたら、一生懸命それを実現しようとします。良いことをしたら、そのたびに誉めてやり、悪いことをしたらいけないことだとその瞬間に教え、足りないことを指摘するのではなく、努力して達したことを認めて褒めれば、次にがんばろうという気持ちを持ちます。

普段、いろいろなことで誉められている子どもなら、悪いことを注意されても素直に聴くでしょう。逆に、どんなにやっても足りないところばかりを注意され、親の期待は留まるところを知らず、どんな努力も親を満足させることができなければ、子どもの心はどう変わっていくでしょうか。だんだんと親の言うことをいやがるようになり、また怒られるのではないか、またダメだと言われるのではないかと思って、びくびくしているかもしれません。自分は親に好かれる子どもではないと思ってしまうかもしれません。思春期を過ぎる頃には、親との関係は修復が利かないものになってしまっているでしょう。そんな子どもが、自信のある大人に成長していくでしょうか。

何も言われない子どもはどうでしょうか。し放題、好き放題、行動の善し悪しの基準がまったくわからないまま育ってしまうかもしれません。学校でも、社会に出た時にも、どちらに向いても厚い壁にぶつかり、自分がしたいこともできないままに終わってしまうかもしれないのです。

夫婦も、親子も、互いの心を怖がらずに、もっと、オープンに話す必要があります。人はみな違います。だから、話してみなければわかりません。心を汲みたければ、もっと踏み込んでいいのです。もっと、言いたいこと、言うべきことを言ってもいいのです。

でも、それは、ある日突然にそうしようと思ってできることではなく、親子なら子どもがお腹にいる時から、夫婦なら出会いのその日から積み重ねるものであり、あるがままの正直な気持ちの積み重ねがあって初めて可能なことなのです。だからこそ、日々の意識と努力が要ります。親子でも、夫婦でも。

親と話をしないという子どもたちに、なぜ話をしないのか、なぜそうなってしまったかを問うと、よく似た答えが戻ってきます。

「親が忙しいから」

「親といる時間がないから」

「話そうとしたけど、今時間がないと言われて、そんなことが何回か重なったら、もうどうでもよくなってしまった」

「親が自分のことに関心がないから」

「同じことを何回も言うから。それも小言ばかり。だから、一緒にいたくもない」

「いつも怒っている。疲れて機嫌が悪いみたい」

決して、子どもが親と話をしたくなかったわけではないのです。家庭の状況で、そして、親の都合で大事な話ができない、しようと思っても親がその時間を作ろうとしない、そんなことが重なるうちに、子どもは親と接することをあきらめてしまうようです。そして、親がそれに気がついたときには、時既に遅し、ということになってしまっていることが多いのではないでしょうか。

「親は本気で話そうとしない」

「いつも表面的なことだけで、自分の本当の気持ちを言おうとしない」

「親とは心を開いて話ができない」

「親が自分でできないことを子どもに押し付けようとする」

といったコメントも出てきます。

子どもは、親が心を開いていないことにも、また、言動に不一致があることにも気が付いています。親が常に争い、批判しあっていて、それに疲れている子どももいます。

こうしたことが子どもの心に影を落としていることに気が付いた親が本気で取り組んだ時には、子どもとの人間関係を修復することが可能だという例もたくさん見てきました。「本気」というのは、中途半端の努力ではなく、表面的な努力でもなく、すべての体面やてらいやプライドをかなぐり捨て、裸で子どもの心と取り組む用意がある時です。親が本気ならば、子どもは必ず振り向きます。なぜなら、親は子どもにとって世界で最も大切な人であり、もっとも深くつながっていたい人だからです。

夫婦の間で良いコミュニケーションが維持できれば、その関係は必然的に温かいものになります。そんな環境に育つ子どもたちは、きっと上手なインターパーソナル・スキルを培い、豊かな人間関係に満ちた人生を送ることでしょう。そういう人たちが多く働く職場には、きっと良いチームワークが展開されるでしょう。うつと診断される人も減るでしょう。不登校、ひきこもり、ニートなど、社会から身を引きたくなったり、取り残されたと感じる人々も減るでしょう。児童虐待やいじめのようなことも減るでしょう。自殺を予防することもできるでしょう。

そうしたオープンで温かなコミュニケーションを通して、より豊かな人間関係を作れることをどのように人々に理解してもらえるか。それは、全国で高校生に向けてそういう知識を授ける機会を政府が作ることが最も効果的な方法だと考えます。人間は、もともとコミュニティの一員であり、周囲の人々と良い関係を持ち、周囲の人々の役に立つことを欲する動物です。どうしたらそれができるようになるかは、周囲にいる大人の役割であり、責任です。

その大人たちがどうしていいのかわからない場合には、他の方法で若者たちにそれを伝えていく必要があります。そうでないと、同じ悲劇が繰り返されることとなります。学校教育は、大学受験のみに力を入れるだけでなく、そうした生きることの根源にある大事なことを教えることができる場でもあります。

留学における精神的成長過程

未知の世界への憧れ

人間は、知らないもの、先にあるもっと大きく広いものに憧《あこが》れます。そんな好奇心が人々の冒険を駆り立て、地球の果てまで、そして、宇宙までと活動範囲を広げました。その過程は、決して良いことばかりではなく、むしろ、力の強い部族やより強力な武器を発達させた民族により、侵略、略奪、殺戮《さつりく》などが繰り返され、多くの文化遺産が失われ、文明そのものまでが消滅してしまったものもあります。

ラテンアメリカのように、征服されたマヤやアステカ文明の人々と征服したスペイン人との間に生まれた混血の人々が、元のどちらの文化とも違う新しい社会と文化を生み出した例もあれば、インドのように支配する英国人と支配されたインド人同士の血の結合はないものの、社会の仕組みを取り入れることで社会全体のあり方が大きく変わった例もあります。いずれも、400年も500年も経った今でも、もともと持っていた文化的な精神性は失われることがなく、現代社会のいたるところで当時の文化の衝突の傷の痛みが歪《ひずみ》として表れています。

西欧の民主主義と資本主義をイスラム文化に浸透させようとする無理押しのために、また、共産主義と資本主義の互いへの憎悪と脅威のために、起こらなくてすむはずの対立や戦争、イデオロギーのぶつかり合いが、多くの一般の人々の命を奪い、難民を生み出しています。

それは、文化や宗教や民族の根本の理解と尊重を欠いたものであり、問題の解決にはならないことは何度も経験済みなのに、それでも、正義も大義名分もなく口実だけを作り出して、勝ち目のない戦争を仕掛けていく国々。ごく少数の人々の利益のために、決定権も何もない一般市民が多数犠牲になっていきます。

宇宙技術が進み、宇宙ステーションの開発のように夢を運ぶものがあるものの、宇宙空間は、人工衛星のゴミに溢れ、時々地球に落ちてくるものもあります。

どれもみな、自国の、あるいは、ある特定の民族の利益を軸としているために、違う文化や社会との遭遇は、互恵を謳《うた》いながらもむしろ自国への利益をより大きなものにしようとするために、対立が生まれ、やがては戦争にまで発展してしまいます。国家や自国民、あるいはある特定の企業やグループの利益を求める欲望だけではなく、その裏にあるものは、互いの文化・文明に対する無知と無理解と尊重の欠如です。一方では欲に駆られ、もう一方では無知ゆえの恐怖があるために、襲われる前に襲うぞ、という不幸な図式を作ってしまいます。

そんな現実があっても、未知の世界への憧れは、それでもなお、夢と希望とロマンに溢れたものです。特に、中学生や高校生の若い心は、冒険してみたい、違う世界を見てみたい、自分を試してみたい、何かすばらしいものを探し当てたい、夢を探しに行きたい、と想いを広い世界に飛ばします。いろいろな文化に触れ、違う国の人々との交流を深め、世界に羽ばたきたい。世界を股にかけて活躍したい。世界中に友達を作り、一緒に協力してこの地球をいいものにしたい。そんなたくさんの夢を持っています。その大志と夢を抱き、留学にと駆り立てられます。

そして、留学に出る決意をします。その決意から、留学を経て、帰国に至るまでの彼らのジャーニー（心の旅）は、どんなことを学び、どんな成長を果たし、どのような付加価値を日本に持ち帰るのでしょうか。

彼らの大志と夢は、日本の未来を背負い、地球をよみがえらせる力となるものです。

文化の違いの認識

未知の世界、未知の未来に、憧れを抱いて留学の途《と》につきます。ここまでは、実体験のない頭の中の想像や夢を追うもので、行き先の国の情報は、言葉や映像だけの理解です。日常生活で普通に経験する「感情」をまだ伴うものではありません。

飛行機に乗り、目的地に到着したあたりから、胸の中には、いろいろな感情が湧き起こってきます。

違う文化に触れた際に、習慣や生活様式、価値観の相違などに衝撃を受けることをカルチャー・ショックという言葉で表現します。

通常は、外国に行った時のことを主に指しますが、カルチャー・ショックは、実は、日本にいても頻繁に起こっているものです。まったく違うスタイルの生活をしている人、物事のやり方や考え方がまったく違う人、価値観が大きくズレる人などに出会うと、「人種が違う」「住んでいる世界が違う」「ＫＹさん」などといった言葉で表現します。性格の違いも大いにあるでしょうが、多くは、それまでの環境や教育などそれぞれが当たり前として持っている「文化」の違いによるものです。

この「文化」の違いは、親戚や友達の家に遊びに行った時にも感じます。自分が慣れているものとの差が大きければ大きいほど、その衝撃も大きくなります。居心地《いごこち》好く感じられる家、居づらさを感じる家、行きたくない家。もっと知りたいという好奇心をくすぐられることもあれば、行くのはごめんと抵抗を募らせるものもあるでしょう。

日本にいれば、秩序、通学通勤などのリズム、様式、礼儀、常識、社会通念、風潮、流行など社会全体がある程度同質のものを共有しているので、その「文化」の違いは、むしろ個人的なレベルのものとして捉えられますが、それでも、違う都市の人が複数同じような特徴を示すと、それまでの「個人」の違いから、ああ関西の人たちはこうだとか、東京の人たちはああだとか、「土地柄」の違いとして捉えるようになります。

それが、外国人だと、不思議なことに、個人がしたこと、言ったことであっても、一挙に、アメリカ人はね、アフリカの人はね、と個人を越えてその人の文化背景にまで飛躍します。そして、それが他の人々にも同じような印象があることが確認されると、アメリカ人はこうだというステレオ・タイプとして普及していきます。

そうしたステレオ・タイプ的な話が頭に入ると、テレビや映画のドラマなどの中でそうした場面を見ると、ああやっぱりそうなのだと確信し、ある特定の観念として私たちの頭の中にこびりつくようになります。

先入観と呼んでもいいでしょう。それが相手国の文化を否定するようなものであり、間違った情報に基づく否定的なものであれば、偏見となります。

そんなステレオ・タイプの考えをかかえて外国に出ると、その違いが社会全体の広がりで自分に押し寄せてくるように感じられるので、まさに、「カルチャー・ショック」をもろに感じることになります。

この違いを、ショックとして受け止めるか、発見の喜びとして受け止めるかは、生徒それぞれみな違います。性格、それまでの生活体験の幅広さ、新しい生活の地に対して抱いている「先入観」や「期待」の内容や種類、ものの見方や考え方、生来楽観的であるか悲観的であるか、といった自己の持つ文化背景によって、一人ひとりみな違います。

漠然とした不安と新しい展開への期待

留学を決めるまでの過程は生徒によってマチマチです。テレビや写真集から外国への憧れを抱いた。友達の楽しそうな話を聞いた。中学校でホームステイ研修に出た。小さな頃から親といろいろな国に旅行してきた。親から勧められた。もっと広い世界に出てよその国のことを知りたいと思っていた等々。

この段階では、違った文化に対する意識や知識は、まだぼんやりとしたものであり、ほんの表面的なものに過ぎません。想像であり、写真で見た景色やテレビや映画で見た番組などから得た断片的なものをその国全体に対してのイメージとして抱き、「行ってみたいな」「体験できたらいいな」と期待や憧れに胸を膨らませます。自分が持っている印象やイメージが本質からかけ離れているかもしれないし、間違った情報であるかもしれないことにはまだ気が付きません。

実際に、留学プログラムを探し、留学先の学校を探し、具体的な資料を読み、オリエンテーションなどで話を聞き、いろいろなことを認識し始めると、必ずしも、夢見ていた世界だけではないと理解し、それまでには感じなかった漠然とした不安を抱くようになります。これが異文化に接触する最初の段階です。

探究心のある子どもたちは、この段階で、いろいろなことを自らの意思で調べ始めます。行きたいと思う国について情報を集め始めます。その国で使われている言語（オーストラリアの場合には英語ですが）を磨こうという明白な努力を始めます。本もたくさん読むで

留学のクオリティは準備次第

留学前の準備不足	留学先で	留学前の準備周到	留学先で
英語学習に励まない	・理解できない ・表現できない ・疑心暗鬼になる ・つまらない ・焦る毎日	英語学習に励む	・ホストとの生活、学校での学習がスムーズになり、会話や学習を楽しむレベルに早く近づける
日本のことを調べない	・何を聞かれても答えられない ・恥ずかしい思いをする	日本のことをいろいろと調べる	・自分の知識が増える ・質問に答えることができ、会話が弾む ・学習の面ですぐに応用ができる ・恥ずかしい思いをしなくて済む
行き先の国について調べない	・到着しても知らないことばかり	行き先の国について調べる	・オーストラリアの人々との会話の材料をたくさん持っている ・好奇心が広がる
ニュースを追わない	・無知さ加減をさらけ出す ・好奇心を世界に向けるまでに長い時間がかかる	ニュースを追う	・会話の材料をたくさん持っている ・即視野を拡大できる

しょう。日本や世界のニュースも追っているでしょう。行き先の国や文化について、より具体的な情報を持つようになります。それは、言葉で理解する情報であり、まだ感情による具体的な体験はなく、希望はますます膨らみます。日本の事情についてもいろいろ調べる姿勢をこの時点で持っていたら上々です。

留学の成果の違いは、既にここから始まっています。好奇心と探究心に満ち、それを満たそうとする生徒の留学生活は、とても豊かなものとなります。逆に、留学したいという気持ちがただなんとなくのものであり、満たしたい知的欲求もなければ、目標もない、英語の勉強にも特に力を入れているわけではない……という状態であれば、留学の成果もそれだけのもので終わることを知っておくべきです。

文化は心で理解するもの

いよいよ日本を出発し、留学の途につきます。今まで会ったこともない人たちとの家族生活。英語に囲まれた日々が始まります。この瞬間から、感情の渦の中に投げ込まれます。最初の夜に、ベッドの上で涙を流す生徒もいます。これから、ここで1年も生活するのかと思うと、耐え難い不安と寂しさに襲われ、日本に帰りたいと思う生徒もいます。日本の家族恋しさに、留学なんてしなければ良かったと後悔する生徒もいます。ごくごく当たり前の反応で、ちっとも不思議ではありません。

高校生にとって、自分の家庭を離れ、海外に行くということは大きな冒険です。最初の衝撃で、自分の下した決断が正しいものであったかどうかを疑ってもおかしくはありません。自分が望んで出てきた留学であっても最初のショックは大きいのに、半分いやいやながら親に押し出されたものであったとしたら耐え難く惨めでしょう。

いろいろな人に紹介されても、みな、同じような顔に見えて、名前と顔が覚えられない。なんて言っていいのかわからない。何を言われているのかもよくわからない。どう振舞っていいのかもわからない。最初の数日は、緊張が続きます。

この段階では、ふたつの文化を比較する冷静さをまだ持っていないので、それまで持っていた判断の基軸を失うこともあります。わけがわからず、混沌《こんとん》とした状態になり、どのように行動したら良いかすらもわからなくなり、新しい環境にまったく対応できないこともあります。

しかし、適宜なガイダンスやアドバイスがあり、従う模範があれば、そうした混沌とした状況から早く抜け出ることができます。抜け出ることができなければ、その後の学習の質が大きく影響されます。

ここで、子どもたちのリアクションは、大きくふたつに分かれます。ひとつは、早速新しい環境に身を投じ、上手に環境に馴染みながら、体験を楽しみ、コミュニケーションのずれを上手に調整できる生徒たち。地理的なことがわからない、習慣がわからない、言葉が不自由という要素があっても、そうしたことすらもおもしろいと感じて笑うことができ、自分を新しい環境の一部として、新しく囲まれた人々の中に溶け込もうという姿勢を見せます。

もうひとつは、文化や慣習の違いから生じるジレンマや誤解で、まるで手足をもぎ取られてしまったかのような欲求不満に陥り、ストレスでコチンカチンに固まってしまい、コミュニケーションが上手に取れない生徒たち。そうなると、ホームシックになり、孤独感を抱き、日本への思いを募らせ、留学したことを後悔し、違いに過度に敏感になり、出会った人々に嫌悪感さえ抱き、新しい文化を批判し、その仲間になることを拒絶し、食欲をなくし、新しい挑戦を怖がり、自分の殻《から》に閉じこもってしまいます。

このふたつのリアクションの違いは、即座に出てきます。新しい体験が発見の喜びの連続となるか、逆に、違いに対処するストレスとなるかは、性格、それまでの日本の家庭における生活習慣と実体験の違い、そして、準備の違いなどに大きく左右されます。また、どれだけ自分に自信を持っているか、物事を楽観的に捉えるかなどによっても大きく違います。

その違いの根本にあるものは、日本にいた時の自分です。それしか知らないのですから、新しい環境において自分が突然に変わるわけではありません。日本の家庭で、家族や親戚や近所の人々、その他いろいろな人々との交流があり、特に大人との交流が自然にできている子どもたちは、環境が新しく変わってもあまり不安を抱くことなく自分をいろいろな人々と関連付けていくことができます。

家で手伝いをしている子どもには、「気づき」があります。周りの人々の動きが掴め、その動きの中に自分の動きを上手に入れ込むことができます。家の中で次に何をしたらいいのかがよく見えます。頼まれたことも気持ちよくこなすことができます。

日本の学校で様々な行事に参加し、自分の役目を積極的にこなし、チームワークに貢献してきている生徒は、行動を通して先生との信頼関係を短期間で作り上げ、活動の際にはやはり「気づき」が至るところで出てきます。

一方、家庭にあって自室に閉じこもり、親子の会話や交流がほとんどなく、他の人々との交流体験も限られている生徒は強い不安を持つ傾向があります。それまで一度も家の中のことをしたことがないという生徒は、他の人々がどう動くのか、動きがまったく掴めないので、そこにただ立っているだけで、自分がどう動いていいのかもわからないし、新しい人々との関係をどう築いていったらいいのかも、よく見えません。

学校という環境の中では、先生からの指示があり、システムの中で動くので、従っていればなんとか動いていくことができます。しかしながら、気づきがないから、見えないし、見えないから立ち止まり、戸惑いと不安しか持てず、勉学に思い切り飛び込んでいくことがなかなかできません。

積極的に動く姿勢から得られものとはほど遠い成果しか得られないとしても、学校は、まだ、受身ながらも得るものはたくさんあります。しかし、ホームステイの環境では、構築されたシステムはありません。それぞれの家族の生活のリズムの中で暮らすことになるので、新しい環境の中で他の人々の動きや感情に合わせて動く術《すべ》を持ち合わせていなければ、人形が置かれたのとそう変わりません。だから、家族から頼まれることは、「させられた」「やらされた」という感覚で受け止めます。

喜んで家族の一員として自分が役に立とうと動くのと、「やらされた」と動くのでは、

日本での家庭生活が反映される

留学前の体験不足	留学先で	留学前の豊かな実体験	留学先で
家庭内での会話を持たない	・ホストと何を話していいのかわからない ・ホストとの会話が成り立たない ・コミュニケーション全体がギクシャク ・始終、誤解が生じる	家庭での会話を大事にする	・新しい人々との会話を恐れない ・ホストと自然に話ができき会話が弾む ・質問することを恐れない ・コミュニケーション全体がスムーズに運ぶ ・誤解を防げる
家の手伝いをしない	・人と調子をあわせて動くことができない ・ホストはいい気持ちがしない	家の手伝いをする	・いろいろな面で気がまわる ・自主的に動ける ・ホストに喜ばれる
親子が時間を一緒に過ごさない	・ホストと時間を共有することが苦痛 ・コミュニケーションが図れない ・ホストとの距離を縮めることができない	親子が時間を共有している	・ホストと時間を共有することを楽しむ ・コミュニケーションが図れる ・ホストと仲良しになる
生活・交流の実体験が少ない	・新しいことに挑戦できない ・新しいことに慣れるのに時間がかかる ・いろいろなことに自信がない	生活・交流の実体験が豊富	・新しい挑戦を好む ・すぐに新しい環境に溶け込める ・いろいろなことに自信を持っている

そこでの人間関係は自ずとまったく違ったものになってきます。新しい土地で人々にかわいがられるか、逆に、親しみの持てない子どもだと思われるかの違いは、過去の体験に根ざすものですが、そのありようは、その後の物事の運びを大きく左右します。

文化や生活習慣や価値観や人種が違おうと、人間が根本的に求めるものは変わりません。互いに感じられる信頼と互いの立場を尊重する思いやりがあれば、新しく出会う人々と良い関係を築いていくことができます。言葉がまだ不自由だとそこに支障があるのではないかと思いがちですが、実は、言葉の欠如が決定的な理由ではないのです。

もちろん、高い英語力を持っていればいるほど、役立つことは多いでしょうが、英語力＝コミュニケーション能力とはならないことは、前述した通りです。言葉の壁はさしたる問題ではなく、当初の人間関係の構築に決定的に大事なことは、姿勢と礼儀と行動の中ににじみ出る信頼、尊重し感謝する気持ちです。

新しく出会う人々の信頼を得られるかどうかは、その後の留学の内容とクオリティに大きな影響を及ぼします。

「異文化理解」は自国の文化の理解

「異文化理解」という言葉が日本で使われます。これは、異なった文化という対象がそこにあり、それを理解しようと努めるものであるという印象を受けます。つまり、主体がこちらにあり、あちらを理解するという一方通行の感覚です。

英語で通常使うのは、「cross-cultural understanding」という言葉です。一方通行ではなく、交流を通しての相互理解です。両方からの絡み合いがある、という感覚です。「cross-cultural understanding」という言葉は、ヨーロッパやアメリカなど様々な文化の人々が一緒に暮らしている環境で生まれた言葉であって、「異文化理解」という言葉は、違う文化が日常生活の中で頻繁に行き交うことがない日本だからこそ生まれた言葉のように感じられます。

では、異なった文化は、どうしたら理解に至るのでしょう……。

本やインターネットを通じてたくさんの情報を得ることは役立ちます。実際に現地に行ってみれば、肌で感じることができます。五感が活躍します。習慣や目に見えるものは、なんとなく理解できるような気がしますが、文化となると、その中に飛び込み、住んでどっぷりと自分の身をその中におき、現地の人々との交流を通した実体験の連続の中で「感情」を伴う体験を得ないと情報は知識になってきません。

実体験しても、生まれた時からそこに生活する人々の感覚と、人生の途中、特にもう自分の文化感覚ができてしまっている年代から、そこに飛び込んだ人々の感覚には違いがあります。特に、その文化が育ててきた言語を知覚での認識ではなく、体感でニュアンスの隅々まで感じ取ることは、小さな頃から、あるいは、相当な勉学と体験を積まなければ可能とはならないものでしょう。

自己の文化の形成は、物心つく前から身を置く特定のコミュニティの文化の中で築かれてくるものであり、そこで育った人にしかわからない文化の微妙な部分の理解、感じ方、表現方法があります。それを違う文化の中で育った人が後から来て同じ感覚で感じ取ることは極めて難しいことです。さらに、その裏や奥には、文化の精神性とでも呼べばいいのか、その文化を形成してきた歴史の流れの中に潜む独特のものを共有することはもっと難しいことです。

そうなると、異文化理解という言葉は、簡単には使えなくなります。異文化に接するということは、むしろ、自分の文化を鮮明に浮かびあがらせるもので、自分が誰であるかを強く突きつけられるものです。

留学生は、後述するように「異文化」の中で、自分のアイデンティティ（自分が自分であることをつくりあげているすべての要素）を見つめるようになるのですが、文化に対しても、自分が持っている文化が違うことを体感する機会を得ます。そして、新しく発見した違う文化に対する反応は、ふたつに分かれます。日本のやり方と違うという比較に留まらず、日本のほうが優れているというスタンスで距離を置く反応と、違いを楽しみ、その違いの中に自分を思い切り放り込む反応です。

日本を優越なものとして接している場合には、違いをいやなものと感じたり、違う文化を侮蔑したり、相手に変化を要求したり、理解できないという苛立《いらだ》ちから怒りを感じたりして、現地の人々の中に本当に飛び込んでオープンな交流を求めることが難しくなります。

逆に、違いを学びにきたのだというオープンな姿勢で臨む場合には、違いの中に思いきり身を投じるので、その姿勢はとても歓迎されます。そこには、すぐに「交流」が起こり、友情が生まれ、互いを大事にする気持ちが自然に生まれます。それが、互恵であり、個々の尊重が相手の持つ文化の尊重につながっていきます。

このことは、グローバル社会に日本が突入している今、世界中に日本企業が進出している一方で、並行して、考え方や価値観の違いからいろいろな国で難しい問題に直面している状態にも、そのままあてはめることができます。文化だけのことではなく、歴史の認識の違いや国政の違いや国益がかかってくれば、理解に漕ぎ着けようとすればするほど依怙《いこ》地《じ》になり、正当性を強調し、感情的になり、「異」をますます強調することになり、敵対する危険な状態に陥り、会話を持つことすら不可能にしてしまいます。

「異」なのだから、違いの中でどちらも win win の互恵を引き出せるもっと実質的な交流方法を学び考えることが解決になることは、留学してくる高校生が交流体験を積みながら学び取っていく姿勢そのものが如実に物語るところです。しかしながら、同時に、その前提となる「違いに心を開く」ということが、如何に難しいことであるかも、その「理解」を求めにきたはずの高校生の中にさえも見え隠れするものです。

互いの価値観や考え方が違うのだという認識を前提に、それに対して偏見を持たずに臨むことで道を拓くことができる一方で、違いや違うことの恐怖に道を閉ざしてしまうことも選択のひとつとなることを高校生が教えてくれるのであれば、偏見を持たずに臨む姿勢を若者に培う方法を考え実践することは、大人に課された緊急の課題です。

しかしながら、それを教える大人たちがすでに偏見で見ることしかできなくなっているのであれば、大人への教育が必要ということになります。

アイデンティティの輪郭の推移

東日本大震災が起こった際に、その規模の大きさが世界を震撼《しんかん》させたと同時に、それだけの災害に見舞われながらも、静かに落ち着いて行動する日本人の姿が世界中の人々の心の中に深い感銘を起こした事実は、まだ記憶に新しいところです。「荒れ狂い、怒り、互いに責め合い、盗みあい、秩序が破壊されて当たり前の時に、日本人はなぜあのように整然と、静かに、盗みを働くこともなく、互いに支えあうことができるのか」というのは、世界の人々が共通に問うた質問でした。

普段は、日本というと、技術の発達している国。経済の豊かな国。小さな島国。自然の豊かな国。際立《きわだ》った伝統文化を持っている国などのイメージが一般に広がっていますが、太古の時代から積み上げられてきた日本の文化のＤＮＡが刻み込まれた「日本人」の資質に関してはあまり触れられることがなく、皮肉にも災害によって「日本人」の資質が浮上し、強く世界に印象付けられました。

日本にいたら、自分が日本人だと主張しなければならないような場面に遭遇することはまずありません。外国から来た人と話す時は、相手が「外国人」だと思っても、自分が「日本人」だと改めて思うわけではありません。領土問題で他国と日本の関係が浮上すれば、日本という国や国家は意識しますが、自分が「日本人」だという感覚はあまり持たないでしょう。むしろ、「中国人は」「韓国人は」と相手に視点を置いています。「日本人であること」に直面するのは、日本を一歩出た時です。外国に出て最初に直面するのは、「あなたはどこの出身？」「国籍は？」「どの国から来たの？」という質問です。「中国人？」と聞かれて、大急ぎで、「違う、違う、日本人よ！」と日本を強調する場面もありましょう。

外国に暮らすようになると、この「日本人」という観念がついてまわるようになります。ある留学生がこんなことを言っていました。

「日本では、私は、イシイユミ（仮名）であり、イシイユミでしかなかったのに、外に出たら、『日本人』『アジア人』というのが自分のレッテルになってしまい、イシイユミという私の中身を見てもらうまでに時間がかかる。『日本人』ということがこうも前面に出ると、『私は、一体誰？』と思い始める。日本では感じたことも考えることもなかった『日本人であること』に誇りを感じるようになったけれど、自分が、常に日本という文化を背負って歩いているのだということにも気付いた」

この留学生の言葉は、多くの意味を含んでいます。日本を出て、グローバル社会の仲間になった瞬間から、「日本人である」ということが、実は、自分のアイデンティティの大事な部分であることがわかってきます。出逢う人々が、「日本」という国や文化や歴史に対して、集合的なイメージを持っていることを感じるようになり、私たちが他の国の人々に対して持っているステレオ・タイプのイメージを、他の国々の人々が日本人に対しても持っていることを認識するようになります。

人々が持っているイメージが良いものであれば、日本人に対して親近感が示され、イメージがあまり良いものでなければ、冷たくあしらわれるかもしれないし、極端な嫌悪感を示されることもあるでしょう。特別なイメージを持っていなくても、初めて出会う人々からは知らない人種や違いに対する無知による偏見をぶつけられることもあるでしょう。日本の外に出る際には、そうしたことがあるという認識を多少なりとも持っていれば、遭遇することへの対応の仕方も違ってきます。

自己探求の旅の始まり

親元から離れる、自分の足で立つ、違う文化の中で生活する、育った文化を再認識するといった過程は、自立を急速に早め、同時に、自分を見つめ、個人的・文化的なアイデンティティを探る機会と日々直面することになります。

自分と親との関係、新しい人々との関係、自分の好み、学習方法の好み、物事に向かう姿勢、自分が持っている資質、夢や志など、今まであまり明確に意識しなかったことに目を向け真剣に考えることを通して、自分は誰なのか、何のために生きているのかといった探求の旅を始めることになります。

さらには、違う言語、違う考え方、違う文化を持つ人々に囲まれることで、日本人であるということはどういうことなのか、国際人ということはどういうことなのか、といったことを真剣に問うようになります。日本の文化や国家を外から眺め、今までは認識しなかったことにたくさん気付くようになります。日本人としてのアイデンティティをより強く感じ、同時に、国際人としての要素をアイデンティティの一部として付加し続けていきます。

留学に出る前と後では、人間としての根本は変わりませんが、その根本を中心に形を作っていく能力や技能や知識や情報量、そして、体験を通して得た知恵や自信が何層にも付加されるので、濃い中味を携えた違う人物になって日本に戻ってくることが予想されます。問題は、それを測る物差しが存在しないので、どういうふうに、どんな度合いで以前とは違うのかということが目では確認できないことです。

これは誰にも測れません。きっと、本人にも明確にはわからないことでしょう。その違いこそが、成長、視野の拡大、多角的なものの見方、違う価値観に対する尊重と寛容さ、逞しさ、自立、自律、自信、発想の豊かさ、知恵といった形で出てくるものなのですが、それは、本人が人生の次の段階に移動した時に、生活のあらゆる場面で表出された時に初めて自覚されるものです。そして、その自覚は生涯を通して、節目節目に出てくるものとなります。

新しい疑問

日本にいたら、世界について、社会について、自分について、自分の学習の仕方について、あまり考えないですみます。学校で与えられた勉強をして、塾に行って勉強し、クラブ活動に従事していたら時間は経っていきます。留学中は、どういう勉強方法が自分に一番合うのか、効果をあげるためにはどうすればいいのか、どう時間を使うのが有効なのか、自分はどんな活動を好むのか、どんな活動が合っているのか、などを考え始めます。

そして、世界はなぜこんな状況にあるのか、ひとつのできごとが他の国にどう影響するのか、国や文化によって見方がこんなにも違うのか、コミュニケーションはどうとればいいのか、良い人間関係をつくるにはどうすればいいのか、人種差別にどう対応すればいいのか、言葉の壁や人種の壁を乗り越えるにはどうすればいいのか、文化とは、宗教とは、日本人とは、自分のアイデンティティとは、毎日起こる問題をどう解決すればいいのか、といった様々に「考える」ことに毎日ぶつかります。

そうした中で、当然のことながら、今まで積んできたことの意味や意義を問い、同時に、新たに体験していることの意味や意義を問い始めます。好きであれ嫌いであれ、日本の文化や風潮の特定の枠の中だけでの思考だったものが、違う国・文化に入って比較対照できるものが新たにできたことで、日本の国、文化について客観的な視角から考えるようになります。ホストファミリーという自分の家庭とは違う「家庭」のありようを体験し、今までとは違う夫婦や親子の関係を観察し、家族について、人間関係について、それまでの自分の歴史を振り返り、未来に想いを馳せます。まったく違う教育の仕方に放り込まれることで、教育のあり方、教授法、学習の仕方などのメリット・デメリットを問うようになります。

生徒たちは、「イエス、ノーをはっきりという文化だ」という表現で捉えますが、資本主義かそうでないか、民主主義かそうでないか、科学的かそうでないか、論理的分析的思考かそうでないか、人間対自然、競争から成り立つ世界、物的豊かさが価値の判断基準となり、味方でないものはすべて敵、白黒しかないといった対立を軸として考える西洋の思考方法と、曖昧《あいまい》だと時に非難されることがあっても、自然に対しても人間に対しても和を重んじ、白黒ではない曖昧模糊《もこ》とした空間も包括的に包み込む東洋的なアプローチの仕方。両者の違いに遭遇する中で、様々な角度からいろいろなできごとや報道を考えるようになります。その違いを強烈に感じる体験もします。

否定的な答えに行き着くこともあれば、肯定が自信となるものもあります。いずれにしても、新たな疑問を抱き、答えを求めて探求することから、自分の世界と視野の拡大が始まります。ここで違いに怖気《おじけ》づき、今までの自分にしがみ付き、殻に閉じこもってしまうと、周りは壁だらけの留学生活になってしまいます。何をするにもハードルが高く、関心も徐々に薄れ、日本が恋しい気持ちが急速に募っていきます。留学は、耐えるだけの時間になっていきます。

一方、違いに好奇心を抱けば、言語の学習に弾みがつき、交友関係も広がり、様々な価値観と出会い、世界は、どんどん広がり、さらに興味深いことが次から次へと展開していきます。

この両者の違いは、計り知れなく大きなものとなります。

違う文化・価値観に対するＵＲＡの精神

学校での学習やホストファミリーとの生活を通して、文化的な価値観の類似や相違を認識するようになります。日々の生活や学習に密着した「生きた英語」の習得が可能となり、情報の収集、選択も上手になっていきます。

英語がわかるようになるにつれ、情報を得る層も幅も無限に広がっていきます。日本にいたら触れない情報にも接することがあります。日本を賛美するものもあれば、悪意をもって発信されるものもあり、歴史の傷跡を後世に伝えようとするものもあれば、批判的建設的な視点から正当な批評を試みるものもあります。

多種類の情報に触れ、情報を鵜呑《うの》みにするのではなく、情報源や発信源を知り、そこにある意図や目的を推測し、自分の中にどんな情報をどのように取り入れていくかなどを考えるようになり、それを踏まえた上で自分の見解を形成していきます。

日常生活の中で新しい挑戦に臨むたびに、そして、新しい問題にぶつかるたびに、より良い方法でやりこなす術を学習します。より広く、同時に多角的な視野を養うことにより、発想もより豊かになっていきます。外から見た日本を学習し、日本文化のすばらしさを再認識すると同時に、歴史や社会問題を別な視点から眺めるようになります。

国籍や文化の違うたくさんの人々と意見を交わすことで、物の見方は様々に違い、価値を置くところも、世界観も、それぞれに大きく違うことを体験していきます。その中には、同意できる価値観もあれば、まったく同意できないものもあります。同意できない時は、とことん相手の立場や考え方の基本になっている概念などを理解するための議論が日常ベースで起こります。欧米の学習においては、この議論の場を避けて通ることができません。

授業中でも、家庭でも、納得行くまで自分の意見をぶつけ合います。たいていの日本人生徒たちには、それが激しい口喧嘩と聞こえ、それだけで恐れをなしてしまう場合もよくあります。それでも、帰国後、意見を堂々と述べるようになったことに周りが驚くことがしばしばあるということは、それだけの見解を形成してきたことの表れです。

互いの文化を理解し共存に至るようにするためには、ＵＲＡの３つが大事です。

U――Understanding　理解に努める

R――Respect　互いを、互いの見解と文化を尊重する

A――Acceptance　文化や価値観に違いがあることを寛容に受け止める

意見の同意を見ない場合には、同意できなければ敵になるのではなく、同意できないことがあっても互いの見解を尊重する姿勢が大事であることを学びます。

国家同士が問題を抱えていても、国の外に出ている中国人、韓国人、日本人の若者たちは、仲の良い友達になります。それぞれの国や文化のことに関心があり、それぞれの背景に理解を深めながら、互いの文化を尊重し、違いを寛容に受け止めるＵＲＡの精神を持っているからです。

国益という枠から飛び越えることができない国家や政治家に相反し、若者たちは地球の未来を共有し、そのことがそれぞれの国や文化にさらなる豊かさをもたらすことを体感し、理解し、つながり、友情を深めていきます。

グローバル市民の誕生

グローバル市民となり、世界で活躍するためには、世界の動きを知り（知識）、未来を予想する（洞察）力を培うことが大事です。歴史を知ることとニュースを追うことで、それを得ることができます。

留学前から時事問題について家庭でいろいろな話をするような環境にあれば、すばらしいスタートを切れるのですが、大抵の子どもたちは、学校の勉強と部活動に多忙な毎日を送り、社会や世界に何が起こっているかということにはあまり関心を持っていません。日常の生活のことや友達のことから自分の関心を世界に向けていくには時間がかかります。しかしながら、少しずつでも、世界の情勢がわかり始めると、自分が生きている世界への関心が出始めます。

教育格差が起こるひとつの原因は、生まれた時から家庭の中で飛び交う語彙の数に大きく影響されると言われますが、国際視野に関しては、顕著にこのことが現れます。世界で起こっていることにある程度の知識を持ち、さらに大きな関心を寄せる生徒たちには、日本の家庭内でそうした話や議論がたくさん交わされているという背景があります。

一方で、お父さんが国際的な仕事に就き、世界を駆け巡っているにもかかわらず、そうしたことにまったく関心を持っていない生徒たちもいます。尋ねてみれば、お父さんとの接触はほとんどなく、あっても、そうした話がまったく出ないとのこと。お父さんがどんな仕事をしているのか知らない生徒たちも少なくありません。

子どもたちが、責任ある市民として社会で活躍するようになるためにも、日本人がグローバルな世界で活躍するためにも、社会に起こっていること、世界に起こっていることへの関心、注意を早い時期から喚起していくことが大事です。それは、家庭で簡単にできることです。親も子もＰＣから離れ、現実の社会で起こっていることを話題にしたり、ニュースを一緒に見て互いの思うことを言い、朝食の食卓で新聞を広げるお父さんが、一人で黙々と読むのではなく書かれていることを家族に話したり、お互いの意見を述べ合ったりすることで、子どもたちの関心は自然と育っていきます。

そうした家の中での大人の会話は、自然に、「個」を「公」の視野に広げ、社会の中にある自分の立ち位置を子どもの意識の中に盛り込んでいきます。これは、子どもたちが、不登校、ニート、ひきこもりなどという形で社会への参加を一時停止してしまうような悲劇を防ぐことにもつながります。父親の家庭参加がいかに大きな意味を持つかは、これひとつ取ってもわかります。

社会や世界に関心を持つのに遅れを取った生徒たちも、世界の動きや各国の思惑や関連をより深く知るようになると興味を持ち、自ら進んで、情報を得る意欲を持ち始めます。知識を増やし、世界に起こっていることのパターンを認識し、その裏にあるものの理解を深めていくことで、地球の未来を洞察する力が付いてきます。

自分の立つ場所、位置に対する理解が深まれば、未来に向かう自分の選択肢も明瞭に見えてきます。そして、地球の未来全体に自分がどのように貢献できるかということも、意識の中に定着してきます。

異文化の中で暮らしてみて、日本人としての明確な意識を持つようになります。日本を外から眺め、自国の文化を他の文化と比較し、外国人の日本への評価などを学習し、日本の国際的な立場を理解するようになります。他の国々や異なった文化の人々と交流することにより、多様な価値観やものの見方があることを理解します。

自分を受け入れてもらい、自分も「違い」を受け入れることを学習し、より柔軟に、周りの世界に対応できるようになります。異文化と自国の文化の間を日々往復することで、文化の差・違いに自然に対応できる技術を備えるようになります。言葉が違う人、文化の違う人、人種の違う人を恐れないようになります。英語という新しい道具を手に入れ、世界のどこにいってもコミュニケーションが可能となります。

十代半ばにして二つの国の異なった教育が受けられる自分の恵まれた環境を十分に理解し、自国の文化も他の文化も客観的にグローバルな視点から見るようになり、将来国際社会にどのように貢献できるのか、自分が受けた恩恵をどのように還元できるのかを本気で考え始めたら、真の国際人と言えるでしょう。高校生の留学は、そうした若者が生まれ出てくるすばらしい機会です。

課題は、日本の教育の現場と社会全体に、そうした優れた資質、幅広い視野や能力を養った若者たちを受け入れる用意があるかどうかということです。これから、たくさんの若者たちが、世界に飛び出していくことになるでしょう。そういう若者たちがたくさんの収穫を得て帰国した際に、持ち帰る成長を財産として社会に還元できるようにするためには、社会全体がそれを肯定的に受け止める土壌を作っていく必要があります。

違いを否定されることを恐れるために、自分たちの成長を隠し、縮こまった生活を余儀なくされるのであれば、せっかく留学で得たものは活かされることなく、彼らの力も減退します。それは、彼ら個人の損失だけではすまず、日本社会全体の損失です。せっかく得たものを社会に還元できないどころか、むしろ否定されてしまうようなことがあるのならば、留学を奨励する意味は失せます。

新しく得た知識と体験と自信と豊かな発想が歓迎される環境があれば、彼らの持つエネルギーはさらに大きなものとなります。「記憶力」を主とする学習とそれを軸とした試験の枠に再び押し込むのではなく、彼らが得たものを十分に活かし、さらに能力や知力を啓発できる教育環境や社会環境ができれば、社会全体がもっと活気に満ちたものになるだけではなく、豊かな発想と違うやり方の導入で、日本の持つ知的財産や物づくりそして文化全体がさらに刺激され、日本が、開発の援助金を送るだけでなく、各国ともっと緊密に結びつきながら、いろいろな層と分野で今よりもさらに国際社会をリードし、地球の未来を創り出すすばらしい原動力となっていくことでしょう。

違いを得るために送り出すのであれば、違いを受け入れる覚悟が要ります。

グローバル市民の素質を備えて帰国する若者たちが、グローバルな活躍ができるようになるためには、社会全体がグローバルに適応していく必要があります。そのためにも、こうした若者たちが外で得てきたものを社会全体に還元できる場・道があることが、彼らを、そして、日本の未来をより力強いものにすることになります。留学のメリットをその個人のものだけで留めてしまうのではなく、社会全体とシェアし還元できることで、留学は真に意義を持つものとなります。

頼るのは記憶の引き出しの中身

留学、特に高校生という年齢での成果は、計り知れなく大きなものです。しかしながら、留学には、それだけの準備とそれ以前に培っている資質が伴わないと、危険をはらむ諸刃《もろは》の結果ともなりかねません。何が飛び出してくるのか、やってみなければわからない部分があります。それゆえに、大きな賭けでもあるのです。

「留学」という響きは憧れを伴いますが、今までの慣れ親しんだ心地よい快適な環境を離れ、親から離れ、全く新しい環境の中で、新しい人間と新しい関係を築き、英語という言葉の中で1年生活するということは、思うほどに甘いものではありません。今までの生活を足元からすくわれた時に、すぐ立てるだけのバネと柔軟さを持っていなければなりません。それは、どこで養われるかというと、それまでの経験と体験からのみです。

いくら立ち方を教わって理解しても、一度も飛んだこともない、一度も自分の足で立ったこともなければ、足元をすくわれたら、倒れてしまうだけです。それでも、何度も、何度も、立つ練習をすれば、立てるようになるかもしれません。でも、それにはとても時間がかかります。

生徒たちは、留学先の地に足を下ろした瞬間から、それまで自分が培ってきたすべての技術、能力を駆使せざるを得ない立場に置かれます。人間は、生まれた瞬間から、息を吸い、おっぱいを吸い、おなかがすけば泣く、誰かに撫でてもらったら気持ちがいいといったことから始まり、おはしを持つこと、自転車に乗ること、人に出会ったら、「こんにちは」と挨拶すること、お母さんのお手伝いをすることなど、本当にさまざまなことを覚えていきます。

いったん覚えてしまったことは、意識下に置かれ、普段は考えることもありません。そういう一つひとつのことが、記憶の引き出しの中に大事にしまわれ、ひとつ新しいことを覚えるたびに、引き出しの数が増えていきます。たくさんの体験をすればするほど、その引き出しの数も内容も豊富になっていきます。

留学生活の第1日目から、生徒たちはこの引き出しの中身に頼ることになります。ホストに対面したとき、初めて出会った人の胸に喜々と飛び込んでいく生徒、ハグ（抱擁）されると体を強ばらせる生徒、もじもじとして何も言わない生徒、緊張のあまり笑顔さえ出てこない生徒、と反応は様々です。性格もあるでしょうが、それまでの15年あまりの人生で、どのように人との関わりを持ってきたかが大きく支配する瞬間でもあります。

一人ひとりの生徒が、その瞬間を何ヶ月も夢み、不安と期待を募らせてきた瞬間です。

どういう対面の仕方をしようかということは、自分の引き出しの中身と照らし合わせながら、生徒それぞれが考えてきたことです。考え通りにシナリオが進んだ生徒もいれば、自分が期待していたのと全く違うシナリオになってしまった生徒もいるでしょう。それは、頭で考えていたことに「現実」が加わったからです。現実には実物の相手が存在します。相手の感情が入ってきます。相手の出方もこちらの出方に大いに影響します。相手が笑ったか笑わないか、相手がハグしてくるかこないか、その時にはどうすればいいのか、といったことは、意識的であっても無意識であっても、1秒の何分の1かの瞬間に、この引き出しの中身に頼って自分も相手も相互に反応するわけです。

この引き出しがたくさんあり、しかも豊富な内容の中味が詰まっている生徒は、いろいろなシナリオに即座に自然に対応することができます。また、シナリオに多少変化が生じても、応用が利きます。

日本において、毎日の生活の中で、礼儀正しく、思いやりを示し、生徒としての義務と責任をきちんと果たし、人々と協力ができ、両親からも先生からも友達からも信頼を得ている生徒は、引き出しの中にいいものがたくさん詰まっています。だから、環境が変わっても、その引き出しの中身に頼って周りの人々と信頼関係を築いていくことができ、生活にもすぐに慣れ、学業に専心することができます。

一方、開けても、開けても、引き出しの中身は、関係のないことばかり。空っぽの引き出しもたくさんある。そういう場合は、どうなるのでしょうか。生徒はパニック状態に陥り、どう対処すればいいのかわからず、思いがけない反応をしてしまうこともあります。

この過程を毎日何十、何百と繰り返しているうちに、日本では、普段の生活のリズムやパターンの中で隠れていて見えなかった、あるいは、しっかりとふたをしていたはずの精神的な問題が一挙に噴き出してくることもあります。

開けたくない引き出しを開けてしまった時

そういう引き出しの中には、その生徒がそれまで生きてきた過程のすべてが詰まっています。いろいろな引き出しを開けているうちに、普段は記憶の底に眠っていた自分の過去のことが強烈な形で蘇ってくることになります。その思い出がいいものであり、楽しいものであれば、これは留学の励みとなります。その思い出が悲しいものであったり、辛く苦しいものであったり、開けたくない引き出しがあることに気が付いてしまったような時には、留学中の生徒の心理に大きな影響を及ぼします。

その影響の度合は、過去においてその生徒が傷ついた度合と比例しているといっても間違いではないでしょう。

そういう影響がどういう形で出るかというと、

・それという理由もなく虚しい気分になる
・人とのアイ・コンタクトを避ける
・自分を肯定できない
・自分はいらない人間、価値のない人間だと思う
・自己評価が極めて低い
・感情が不安定
・感情の高低のギャップが激しい
・簡単に落ち込んでしまう
・愚痴不平ばかりが出る
・人を信頼できない
・学習や活動に身が入らない
・上の空で集中できない

・身体に力が入らない
・何に対しても無関心
・人生に対して希望も情熱も持たない
・現状から抜け出したというものの何の努力もしない
・物事に集中できない
・やたらに怒りっぽくなる
・催す怒りを抑えることができない（怒りを暴力で発散したくなる）
・人にあたる
・人を、そして、自分を意図的に傷つける
・自己防衛のための精神的なよろいを被る
・健康的とされる睡眠時間よりも遥かに長い時間寝る
・不眠に陥る
・妄想的思考が多い（自分だけが犠牲になっていると感じる）
・食べ物のことが頭から離れない
・食事に変化が起こる（拒食症になったり、過食症になったりする）

・よく吐き気をもよおす
・極端に自信をなくす
・努力が続かない
・（病気ではないのに）腰、背中、腹、頭など、身体の痛みを訴える
・自分の評価を人の評価判断に委ねる
・人の視線が異常に気になる
・（誉められても）自分を信じることができない
・人の注意を引く行動・言動をする
・部屋に閉じこもる
・すべてがどうでもよくなり、自暴自棄となる

といったようなことが、いくつも組み合わさった形で出てきます。自分の中にこういったことを抱えていますから、自分の処理だけで精一杯であり、周りの人間との関係を思いやる余裕などありません。当然ながら、自分を囲む周りの人との人間関係もうまくいかなくなってしまうケースが多くなります。

解決の鍵は家族の手に

生徒が学習に集中できない、やる気を起こさない、問題を起こす、周りの人々との信頼関係を築けないのは、その生徒が何か大きな問題を抱えているということの警鐘《けいしょう》です。上記のような症状が複数あり、それが長引くようであれば、危険を伴うことになりかねません。生徒が安心して相談できる大人が近くにいることが大事な条件となってきます。

毎日の生活の中で起こることについて対処していく過程で、生徒たちから言葉や行動で出てくることに関しては、生徒と話し、心の傷を癒す方法を考え、自力で立ち直る力を徐々につけていきます。それを上手にこなして問題を乗り越えるだけの力を備えるようになれば、それは将来への長い人生に向けての底力を養うことになります。

傷に絆創膏を当てながらの状態で1年間なんとかもちこたえる場合もあります。留学を終了し、それを乗り越えた達成感が、将来の糧《かて》となるかもしれません。

しかしながら、留学の本来の目的がまったく成就できない深刻な場合もあります。

留学に重大な支障がある場合、一番効果的な方法は、問題の核心に迫ることです。こうした場合、解決が難しいのは、問題の原因が、実は、留学で起こったことではなく、日本から抱えてきたことにあるからです。過去20年のこうしたケースにおいて、例外はありません。留学直後から問題が浮上してくる場合もあれば、数ヶ月経ってから浮上してくる場合もあります。

留学中に浮上してくることなので、あたかも問題は新しい環境にあるように見えるのですが、問題の根本は、日本そして家庭にあり、その問題は、生徒ひとりの力ではどうにもならない種類のものです。ほとんどは、両親と祖父母の関係、両親の夫婦関係、親子関係など家庭内の人間関係が起因となっています。それ故に、本人だけでは解決にならないのです。留学の目的と動機が、日本の状況から逃げ出すためのものではないこと、家族の都合によるものでないことが大事だと強調するのは、こういうふうに問題が浮上してくるからです。

日本の保護者と話をして、一緒に問題の解決にあたることもひとつの解決方法です。生徒、保護者の進む方向が同じものとなり、協力しあえる場合には、驚くほどの良い変化が見られ、生徒が今の生活に視点を転換できるようになる場合もあります。

生徒が親に知られることを極端に嫌がる場合には、まずは絆創膏を当て、徐々に生徒自身の強さを育て、問題の捉え方の認識を変え、上手に対処できる方法を学んでいくことが必要ですが、これには、定期的なカウンセリングやケアが必要となります。

問題を抱えたまま留学生活を続けていくことで多くの支障が発生し、そのまま留学を続けることがむしろ精神的に危険となる場合には、留学先での解決を考えるのではなく、帰国することを考えるべきです。保護者と時間を過ごすことで解決の道が開かれ、また留学に戻ることもあれば、それを機会に保護者との時間を優先し、留学を途中で打ち切って帰国する場合もあります。

こうした深刻な問題を避けるためにも、留学前に家族のしっかりとした絆を確立しておくことは、留学を成功させるためにだけではなく、生涯に続く大事な人間の土台として欠くことのできないものです。

日本に持ち帰るものと逆カルチャーショック

帰国は思いのほか難しい

多くの生徒が、留学する時よりも、帰国した時のほうが遥かに大変だと言います。留学に出る時は、文化も違う、生活習慣も違う、言葉も違う、だから「きっと苦労するだろうな」「しっかりやらなきゃ」と心の準備ができています。

留学先の人々は、最初は、英語は上手でなくても当たり前、何も知らなくても当たり前と、期待値をかなり下げたところで生徒を待っています（この期待値は、時間が過ぎるにつれてあがっていくことは言うまでもありません）。ホストファミリーでは、生徒が居心地好いようにと、特別な配慮と気配りがあります。学校では、数週間かけて、学習の仕方、学習の整理の仕方、現地の地域社会への溶け込み方などがゆっくりと説明されます。

みんな温かく迎えられるし、特別なケアが提供されるので、留学先の生活に溶け込むことは、実際には、そんなに難しいことではないのです。ホストファミリーに慣れ、習慣に慣れたら、不自由なこともなく、学習や生活を楽しむことができます。新しい体験、新しい発見が続くので、毎日がとても充実したものとなります。

一方、日本に帰る時はどうか。みんな、帰ることが大変だという意識は自然には湧いてきません。なぜならば、日本は生まれた時から育った社会、言葉もわかる、習慣もわかる、自分の家族がいて、友達がいる、そこに戻るのだから何の支障もないことを疑いもしないからです。ところが、これが大間違いなのです。

留学は、目的ではなく人生のワンステップにしか過ぎず、留学前と留学後は続いた流れであり、留学はあくまでその流れの中で起こることなのですが、留学ということがあまりに前後の生活と違う体験だけに、留学をはさむ前後をスムーズにひとつの流れとしてつなげることが、生徒にとっても日本で生徒を囲む人々にとっても、実際のところはとても難しいのです。

その過程における心理的影響、子どもの成長の大きさ、人生へのインパクトなどを全体として把握することができない上に、生徒自身が自分がどれほどに成長したのかがよくわかっていません。1年前には想像すらしなかったところに立っていることは認識できても、留学中の成長は、徐々に積み上げているものなので、最後に到達している自分が当たり前の自分であり、その自分が帰国した際にどれほどのインパクトを人々に与えるかを想像するのは難しいことです。

一方、日本で待つ人々は、大きな期待をもって待っています。1年も留学して外国に暮らしたのだから、「大人に成長しているはず」「英語がすばらしく上手になっているはず」という期待から始まって、人格さえも「完璧になっているはず」という、理不尽というかとてつもなく高い期待値を掲げます。完璧な人間なんてものは概念や形そのものが存在しないのに、留学に行けば以前に存在した問題は全部自然消滅していると期待するのです。そうした問題の存在が何倍もの大きさで子どもの心理を揺さぶっていたことなどは想像だにつかない故に。

帰国した子どもたちには、いろいろ不思議なことが起こります。何か口では言えない違和感を感じるのです。まるで、自分が自国において外国人になってしまったような。

その感覚は、海外旅行の後に感じるようなものとは違い、長い間、別の文化、別の環境に暮らした人でしか体感できないものです。それが、何なのか、何から発するものなのかは、多分、個々によって違うのでしょうが、一番大きな原因は、新しい世界を観て、新しい体験をして、自分が以前には持っていなかったものをたくさん備えたことから来るものだと思います。

日本にいた時の生きる判断基準となるパラダイムから、留学の地の文化や世界観や考え方や広く世界に向けた視野などまったく違う新しいパラダイムを体験し、そのふたつが融合したアレナ（舞台）に立つ新たなパラダイムを持ったことが、元の日本にいた時のパラダイムとの大きなギャップとなります。そのギャップは、あまりにも違い過ぎ、そして、測る物差しがないために、言葉で論理的に表現することができず、説明も難しいために、新しいパラダイムがどんなものであるかを理解してもらうことは極めて難しくなります。同じことを体験した人以外には、理解不可能だと言っても言い過ぎではありません。

戦争を体験していない人たちが、いろいろな本を読んだり、体験談を聴いたり、様々な資料を勉強しても体験者の深層を想像上の共感でしか理解できないのと同じです。日本の外で暮らしたことがない人が本や映像を通して理解するものと、日本以外の国で違う文化背景を持つ人々と違う言語の中で暮らした人の意識や知識や考え方や視野は、自ずと違ってきます。それは、感情を含む心身の深く広い実体験の有無の違いです。実体験に基づく知識や情報の違いでもあります。

でも、その違いがあることが数値やその他のわかりやすいもので示すことができないために、帰国した生徒も、迎え入れる家族や学校も、何かが違うと感じても、元通りの社会生活に戻ろう、戻そうとします。そうでないと、その社会に適応できないと考えるからです。特に、日本のように「同様である」こと、そして、「形」を重んじる文化においてはなおさらに戻る、戻すことが強調されます。ちょっとでも違おうものなら、「外国かぶれ」とか「留学くずれ」という恐ろしい言葉が浴びせられます。

英語を上手に話すということに留まらず、より積極的になり、チャレンジ精神が旺盛、いろいろな国からの人々と友達になり、自分のネットワークを世界に広げ、様々な価値観を受け入れる寛容性を身に付け、偏見を持たずに違う文化背景を持つ人々と協力することができ、自分の人生を築くことに情熱を持ち、世界で活躍するぞという野望を持つようになった青年たち。新しい環境の中で、新しい人々と人間関係を築いた自信と、自分のアイデンティティに出発前よりも遥かに明確な意識を持ち、自立した子どもが帰って来るのです。1年前と同じであるはずがありません。

自立させるために、そして、より多くの体験を通して人間としての幅を広げ、視野を広げるためにと送り出した親御さんでさえも、実際に目の前に再出現した子どもの広がりや深さを理解できないために、既成の概念で推し量り、既成の概念の中に押し込もうとするのは、仕方のない過程なのかもしれません。でも、1年前に出発した時と同じ枠の中に再度押し込めようとしたら、摩擦や軋轢《あつれき》が起こっても、ちっとも不思議ではないのです。

日本というすべてが子どものためにお膳立てされた世界から来て、自分の時間は自分で好きなように活用する自由を与えられ、しかも自由な発想、自由な表現を奨励される世界に1年暮らした後で、再び日本社会の枠に戻ることは、留学する意義をしっかりとらえていないと、とても難しくなります。特に、留学に成功すればするほど、そして、自分が達成したいことに挑戦すればするほど、元の鞘《さや》に戻ることはますます難しくなります。

それが、いわゆる逆カルチャーショックと呼ばれるものです。帰国時の着地が上手に行かないと、留学したこと全体に影を落とすことにもなりかねません。時には、留学したことを隠さなければならないような状況ともなり、そうなれば、1年の成果は活かされるどころか、引き出しの奥にしまわれてしまいます。

そうしたことを理解した上で、日本社会に再び適応するよう導いていくのと、留学での真の成果が認識されないままに枠に入ることを期待され強要されるのとでは、子どもたちの心の反応はまったく違うものとなります。中には、留学したことを否定されたと捉え、その影響を長年引きずるような例もあります。

国際理解を推奨する教育者たちでさえも、日本以外の国に暮らしたことのない人々には、残念ながら表層しか理解できないのが通常です。それだけ、1年の体験を、そしてそこから得たものを理解することが難しいということでしょう。従って、帰国した子どもたちが元の鞘に納まる納まらないという葛藤状態に置かれるだけではなく、受け入れ側も理解できないが故に、変わってしまった子どもに否応なく納まることを強いるか、そうでなければ、持ち帰ったものを全面否定してしまうといった極端なことになりかねません。

しかしながら、そこに彼らが持ち帰ったものの良さを見いだし、それを大事にして活かそうとする擁護者および理解者が先生や家族の中にいると、生徒たちは、自分たちの体験が認識され、それを活かす活路があることで、俄然活気を帯び、蓄えたエネルギーと新たなパラダイムからの新しい発想や、新たな自分の夢や生き方を通して社会貢献を積極的に展開することができます。

まさにプラトンの洞窟の寓話の通りです。外で見聞を深めた子どもたちが、いろいろ伝えようと洞窟に戻ると、彼らが新しい体験を踏んだことを喜び、その内容を知りたい人たちもいれば、彼らが外に飛び出したこと自体を受け付けない人たちもいます。「違い」「外の空気」「想像を超えるもの」を持ち帰った者たちの話に耳を傾けるどころか、洞窟内の空気、決まりを守らない者は容赦なく排除し、新しいものを拒絶する人々もいるのです。2300年も前の概念が現代の人々にそのまま通用するというのは、日本という文化に限らず、人間の本質は時代にかかわらずあまり変わっていないということなのでしょう。

高校生の年齢の1年は柔軟であるだけに、その1年の成長はあまりにも大きく、1年前に去った環境にすんなりと入れるものではありません。自分の国にできるだけスムーズに帰国するためには、留学に出た時よりもさらに入念な心構えの準備を必要とします。本人だけでなく、迎え入れる人たちも。

留学の成果を測る物差し

一体、そんな物差しがあるのでしょうか？　1年で、自分の価値観やものの受け止め方がどのように変わってきているか、自分がどれだけ成長しているかといったことは、留学中には、あまり意識しないことです。

そうしたことを計る物差しがないので、それを突きつけられることもなければ、自覚する機会もそうありません。たぶん測れるものは、異文化の中での自分の居心地の好さ、生活の中での会話力の進歩、人々との輪の広がり、勉学に対する熱意と向上心の高まり、チャレンジに臨む自分の中での自信といったものでしょうか。そこで、なんとなく自分の生活が縦横自在に伸びていることを漠然と感じてはいるようです。

本当に自分が変化したことは、古巣に戻った時に、1年前に一緒にいた人々に囲まれて、初めて明確に自覚することになります。でも、その成長や変化は、環境の中で行動として現れていたもので、帰国した時にはその環境は存在しません。ないからこそ、自分が出発前の環境の中で一人逸脱した人間であるかのように感じることになります。1年間滞在した環境の中では、上手に暮らし国際性や成長を形で出すことができたのに、その方法では、もう自分の成長を証明できないのです。内面の成長は、目に見えるものではありません。

そうなると、人間は、ごく当たり前のこととして、目で見える物差しを欲します。ほとんどの人々が求めるのは、英語力を測るテストです。IELTSであれ、TOEICであれ、TOEFLであれ、何か確固たる「証明・証拠」を求めるのです。投資額に見合うかどうか、1年という長い年月に見合うかどうか、将来の布石となったかどうか、留学という特別な道を選んだことが冒険に価するものであったかどうか、日本で期待していたものであるのかどうか、それを確認したいのです。それは、ごく自然な気持ちです。問題は、英語力のテストは、留学の成果を確認するものではなく、そのうちのごく一部の技能に関してしか測れないものだということです。それも、精神的な広がりのあるものではなく、ある日のある状態の知識の一部を誰かが考案した試験システムで断面的に測るだけのものです。

教育という「システム」の中には、様々な矛盾があります。その一番は、成績とか、評価とか、どの大学に入学したとか、そういった体制が決める評価方法が、人間性の全体を見るものではなく、単に試験の結果として出てくる記憶力、そして、その応用の一部でしか人間を判断しないものであることです。留学という大きな精神的な変化をもたらすものに対して、たったひとつの評価方法を充当した結果で、それも英語力のみを測り、そこから全体の成長を推し量るのだとしたら、あまりにも哀し過ぎます。

考え方、生き方、社会観、世界観のパラダイムが変わるほどの体験と知識を積んできた子どもたちの留学の成果が、たったひとつのテストなんかで評価できるはずがなく、子どもたちは、自分たちの留学にはまったく別の価値があることをわかっていても、点数という「裁断」の前に震えてしまいます。なんともいえない悲劇です。それは、そのすばらしい成長を活かせないのであれば、最終的には、家庭の、学校の、日本社会の損失に結びついていきます。

生徒たちの1年の価値は、どんなものをもってしても測れない深い重みを持ち、これからの人生の軸となっていくものです。留学の結果として、勉強することにさらに関心と熱意を持ち、自分の人生を引っ張る肯定的・積極的な姿勢ができていれば、それは、何にもまさる宝物です。そのことが、その後に続く、自分の人生をフルに活かすものとなり、リーダーとして社会を導き、日本社会の、そして、国際的な場における大きな貢献を果たす結果となっていくからです。

ホストファミリーとの絆

日本を出発する時に、日本人親子の別れの場面に立ち会ったオーストラリアの留学生たちが、「シンジラレナ～イ」を連発したのは、ハグ（抱擁）とキスがないことでした。自分たちだったら、家族じゅうが抱きあってなかなか別れられないのに、日本人は1年の別れというのにお互い触れようともしない、一体どういう親子関係なのだろうと不思議に思うわけです。

深い愛情をどう表現するかは、文化によって、また、家庭環境によって大きく違い、日本の場合には、とても慎み深い表現で、一見淡々としているように見えます。一方、同じ生徒が、留学が終わった際にホストとどういう別れ方をするかというと、劇的に違います。ホストの胸にしがみついて離れない生徒、号泣のあまりフロアに座り込んでしまう生徒、バスに乗れない生徒、空港までの道を泣き続ける生徒……残されたホストも、先生たちも涙、涙です。毎年最後の別れは、感動の波にみんなが包まれる時です。

そんな感情の嵐を経て帰国の旅路につき、また日本に到着すると同時に、この出会いの瞬間を夢みて1年過ごしてきた親との劇的な対面が待っています。エネルギーが燃え尽きてしまっても不思議ではありません。次の目標に向かって自分を立て直すまでには、多少の時間がかかります。

留学中、ホストファミリーと決裂してしまい、あたらずさわらずの関係で1年過ごしてしまうこともありますが、多くの生徒たちは、すばらしい愛を受け自分も愛することの喜びを感じるようになります。ほとんどのホストファミリーは、生徒たちをわが子として受け入れ、宿題を手伝い、悩みの相談に乗り、ハッピーな心持ちであるかに気を配り、彼らのために時間を割き、心を砕きます。

毎日、学校から帰れば、「今日は、どうだった？」「どんなことしたの？」から始まって、生徒の様子を尋ね、会話を重ね、生徒の心情を理解しようと努めます。生徒は、毎日の学校でのこと、自分の感情の動きなどをホストと話しているうちに、だんだんとホストに心を開いていくようになります。そして、深い信頼関係も育てていきます。

その度合は、日本では言葉にしたこともない自分の心の奥の深い部分にまで触れるようになることが往々にしてあります。日本の保護者にとっては寂しいことですが、「日本の親には話せないことがホストなら話せる」という生徒は、たくさん出てきます。

だからといって、それが、日本の親との縁を疎遠にするかというと、実は、逆なのです。ホストにお世話になり、他人の家で暮らし、いろいろな話をしたりする過程の中で、また、違う形の親子関係があることを知ることで、日本の両親に自分がどれだけ甘えていたか、おんぶに抱っこだったかを悟るようになります。留学中に日本の両親に改めて感謝の気持ちを抱くようになります。そうした気持ちにならない生徒は、皆無だといっていいでしょう。留学以前には、話もできなかった親子が、また、喧嘩ばかりしていたという親子が、留学中にその関係を修復する例も多々あります。

「留学するまで親は嫌いだった」という生徒の多くが、留学中のいずれかの時期に、「親の有難みがよくわかった。帰ったら手伝おうと思っている」「親にこんなに感謝するようになるとは思ってもみなかった」「親も人間だということがわかった。親の痛みも感じることができると思う」というようなことを言うようになります。生徒にとって自分の親との絆は、何よりも大事なものです。

日本の両親への感謝を新たにするのと、ホストペアレンツへの愛と感謝は、まったく別物です。ホストには、1年間ずっと支えられ、愛され、面倒を見てもらい、他人なのにここまで愛を分かち合えることに感激し、感動します。そして、その愛を心の中にいっぱい詰めて帰ってきます。ホストとの生活について目を輝かせて、頰《ほお》を紅潮させて語るのは、まったく自然のことです。

「ホストのことを話すと親がいやがる」「話してもうまく理解してもらえない」と生徒が嘆くことがありますが、日本の両親が、ホストに感謝しこそすれ、やきもちを焼く類のことでは本来ないはずなのですが。でも、そこが人間の感情の複雑なところです。

心中は極めて複雑

生まれ育った環境であっても、1年留守にした後は、慣れるまでに時間がかかります。

留学生の場合には、さらに、その間に別の世界で体験したことが体中に、心の中に、頭の中に充満した状態で、元の場所に戻ってくるわけです。現地の生活に溶け込んだ度合いが強ければ強いほど、日本の社会に戻った時の逆カルチャーショックが大きくなることは否めない事実です。

現地の生活に思い切り飛び込んだ生徒は、ホストファミリーとの深い絆を結び、コミュニティの人々との友情を築き、たくさんの先生や生徒たちと仲良くなり、そこでの人々の考え方、感じ方、価値観に自分を同化させていきます。自分の達成したいことに全力を尽くした生徒たちは、達成感と充実感が頂点に達した時に日本に戻ってきます。

当然のことながら、燃焼し尽くした後の脱力感におそわれます。これは、特に留学ということでなくても、大きなプロジェクトの達成やチーム優勝などを果たした後には、独特な虚無感や脱力感に陥るのと同じことです。

自分が挑戦したい目標を持つことは多少なりとも助けになりますが、すぐには立ち直る元気も出ず、それが虚無感につながっていくのが多くの生徒たちの通る道です。しっかりした目標を持っている生徒ですらも、その虚無感からしばらく逃れることができないようです。中には、半年以上も元のエネルギーを取り戻すことができない生徒もいます。

そういう虚無感や留学中に出会った人々を懐かしく思う気持ち、また自分自身を日本の社会に改めて同化していく過程でぶつかる困難などが、「オーストラリアに帰りたい」という気持ちや言葉になって現れてきます。親を含め、それを聞く周りの人々は、とても複雑な心境になります。

これは、日本に帰ったことが嬉しくない、というのではなく、日本に帰ったことも、家族といることも嬉しいけれど、でも、オーストラリアで持っていた感覚をなくしたくない、同じものを維持したい、あの毎日のときめきを感じていたい、ということなのだろうと思います。ただ、それが同時にはできない、だから、憧憬《しょうけい》のような、夢のような、現実よりもより美しく強い思いとなって、留学中の思い出が生徒を襲うのでしょう。

そうした想いの中には、16歳、17歳の青春の一幕が終わった、過ぎてしまったという感傷もあるでしょう。二度と取り戻せないものだということも。だからこそ、思い出に執着するのでしょう。生徒によっては、その思い出があまりに強いので、オーストラリアとの関係を全部断ち切るという手段を取る場合もあります。

ホストやオーストラリアの友達と連絡を取り合うと、それが辛すぎて、日本の生活に入ることができない、というのです。オーストラリアという部分を全部切り捨てないと辛すぎる、と言う生徒もいます。だから、オーストラリアで過ごした1年は、現実ではなく夢だったというような感じになってしまう場合もあります。

そうした「断ち切り」は、オーストラリアで一緒に時を過ごした人たちには理解できないものです。あんなにすばらしい絆があったのに、日本に戻った瞬間になしのつぶてになってしまったと嘆くホストは、非常に多いです。ホストが嘆くことがわかっていても、断ち切らざるを得ないほどに、子どもたちの心は複雑に揺れ、それをどうする術も持たないということなのでしょう。

今は、インターネットでいつでもつながることができるので、その絆を切ってしまわないことが最大の特効薬であり、未来に向かうエネルギーの糧となるものです。

帰国後の成功は着地で決まる

表には見えないものをたくさんかかえ、世界を観るパラダイムが以前とは違う若者が帰国して来たときに、如何に支えたらいいかということは、迎える側にとっても、留学に送り出すための準備よりももっと大変です。留学後は、ある意味では知らない人を迎え入れるのと同じくらいに子どもたちは成長しています。

再度、コネクションを作り直す覚悟が要ります。出す時よりも迎える時のほうがもっとたいへんなのだという意識を日本で迎える保護者、そして、学校の先生たちが持ち、どんな体制で迎え入れるかを真剣に考え、準備し、そして、実践することが極めて大事になってきます。

留学はそれ自体が大きなできごとであるために、留学が終わればそれで目標達成と思いがちですが、実は、帰国して日本の社会にきちんと帰還することで初めて終了し成功するのだということを、生徒たちが理解することが大事です。しかしながら、生徒がそう感じられるためには、迎え入れる側の意識がそこにないと、生徒だけの努力では成功しません。

帰宅を1年待ちわびていた人々は、再会の喜びが数日で消えてしまった後、元気がなく、燃えないし、呆然とし、ふて腐れた状態にある子どもが、そんな複雑な想いや虚無感に陥っていることなどわかろうはずもなく、期待していたものと全く違う姿が続くととても不甲斐ないものに感じられ、なんのための留学だったのかと疑問を抱き、得てきたものを過小評価し、時には、怒りをぶつけることさえあります。

この帰国という着地がどう受け止められるかによって、その後の子どもの心理や行動に大きく影響します。この瞬間に摩擦が始まれば、留学で得たものなどは棚の上に放られてしまい、留学をさせてもらったことを感謝し、それを行動に表そうと思っていた気持ちもすっ飛び、子どもは攻撃的になるか、自分の世界に引っ込んでしまうか。思いも寄らない行動に出てしまうこともあります。

ここで、子どもが通る複雑な心理を理解し、時間がかかってもそれを温かく見守りながら、事あるごとに留学での生活に触れ、留学で得たことを話せるような時間を設定し、コミュニケーションを図ることで、子どもの中にすっぽりと抜けてしまっていた日本や日本の人々との1年のつながりや生活のリズムを徐々に取り戻すことができ、その中に、自分の大きな体験が支援されている深い愛を感じることができます。

そうなれば、留学で得た計り知れなく大きな財産が、その後の人生にいろいろな形で活かされていきます。着地は、子ども一人ではできません。家族の、周りの大人たちの支援体制と理解があって初めて上手にいくものです。

大半の生徒たちは、留学中に学習の楽しさを知り、本気で勉学に取り組むようになります。精神面でも自立し、自己管理をきちんとするようになってきます。そうしたpositiveな姿勢は、日本に帰国しても当然保つべきものであり、本人は保ちたいと思って帰国します。ところが、留学中は必死でがんばったのに、留学から帰った途端に、日本社会に違和感を感じ、その中でもがくうちに、それ以後の目標を見失ったりしてしまう例が少なくありません。それは、悲劇です。

何としても食い止めなければならないことなのですが、毎年、その現象が一部であっても起こっています。それは、生徒だけの意識や力ではどうにもならないことで、生徒の周りの人々の意識と努力も必要とされるものです。

自己表現は生意気とは違う

まず、家庭をとってみましょう。次のようなケースがたくさんあります。生徒たちは、帰国した当初は、ちやほやされるし、甘えることのできる快適さを楽しみます。ところが、最初の興奮が冷めやり、単純な日常生活に戻ると、次第にどうしようもない寂しさ、居心地の悪さを感じるようになります。何かが違う。うまく話がかみあわない。お母さんは自分の話を聞いているようで聞いていない。留学前の関係と何かが違う。自分だけが家族から浮いてしまっている、といった複雑な感情を抱くようになります。

自分の気持ちを思いきり話せるようになれば、日本に帰ってから今度は自分の親とも話せるようになるかというと、そこはそう簡単にいくものではないようです。「どうせ言ってもわからない」「親は自分の意見が絶対だと思っているから」「親がやきもちをやくから、ホストのことは言わないことにした」といった嘆きが生徒からよく出てきます。

一方、親御さんからは、「子どもの物言いがきつくなった」「生意気になった」「親に説教するようになった」といったつぶやきが聞こえてきます。それは、子どもが、自分の意見を言うことを、そして、自分の気持ちを言うことを1年間奨励されてきた結果でしかないのですが。そこが、親が期待していた物差しと、子どもが実際に成長した度合いが合わないということなのでしょう。

子どもは親に自分の感じ方、考え方を理解して欲しい、親と自分の体験を分かち合いたいと思っています。自分がしっかり1年やってきたことを認めてもらい、褒めて欲しいと思っています。自分の成長を見て欲しいと思っています。成長した自分をそのまま受け止めて欲しいと思っています。

帰国後、子どもたちがどのように自分を保持し、どのように自分を日本社会の中で表現していくかは、もちろん子どもたち自身の大きな課題ですが、その一方で、保護者がどう受け止めるかということも大きな課題です。

親にも成長が求められる

親は成長した子どもを見て、とても嬉しく思います。自立させるために留学に出したのですから、それが成功だったことが確認できました。ところが、次第にどうしようもない寂しさを感じるようになります。子どもが以前のように甘えてこない、親に相談しないで決めてしまうことが多くなった、そして、突如、自分が以前のように子どもの生活に関われなくなっていることに気付きます。

自分が寂しいと感じるのは、子どもが成長し、自分の手を離れるようになったからだということをしっかりと認識することが大事です。子どもの成長したところは十分誉めてやり、足りないところは考えさせ、子どもと自分の関係を二人の大人同士の関係に持っていける親になるか。あるいは、自分が必要とされているという安心感を得たいために、また親としての権威を保ちたいために、子どもに自分の価値観を押し付けたり、子どもの足りないところのみをやたらに指摘したり、自分の支配下に置こうとしたり、せっかく自立した子どもの世話を焼き、必要以上に管理する親になるか。

先の方法をとれば、子どもは自分が大人として認められたことを感じ、さらに責任ある行動をとるようになるでしょう。そうなれば、ああやはり留学で成長した、大人になった、旅をさせて良かった、苦労させた価値があった、というふうに、子どもの1年間の留学体験を一緒に喜び、一緒に分かち合うことができます。

後者を選んだ場合には、子どもの反発を得ることは避け難いことになります。そうなると、口答えばかりする、親を見下すようになった、生意気になって帰ってきた、親のいうことをきかなくなった、といった具合に、子どもの1年間の体験を一緒に喜ぶことはできなくなってしまいます。そして、子どもの変化を批判する結果となり、本来成長と受け止められるべきものが、「何も変わっていない」「悪くなった」となってしまいます。そうなれば、1年間必死で努力したことは、子どもの心の中で脆《もろ》くも崩れ去ってしまうことになります。

友達ともこれと似通ったことが起こってきます。久々に友達にあい、オーストラリアのことをたくさん話そうと思ったのに、全然興味を示さない。それだけではなく、なんとなく疎遠になってきた。カッコつけるなと言われた。自分だけ浮いている、といったことを経験し、そのうちに「オーストラリアのことはもう言わないことにする」「オーストラリアにいたのは、夢だったような気がしてきた。自分の現実からは消してしまったほうがいい」というようなことになってきます。

生徒を傷つける教師の言葉

学校での先生たちとの関係も同じことが言えます。

留学後、戻った高校で留学をしたことでいじめにあったとか、教授よりも英語が上手なために進学した大学で辛い立場に置かれたとか、「留学のことなんてすぐに忘れろ、受験の邪魔だ」と言われるなど、留学から戻った生徒は、必ずしも全面的に歓迎されるわけではありません。

留学がまだそれだけ特殊であることを物語っているのかもしれませんが、迎える人々の無知がその原因となっているのでしょうから、理解できなくても、それを責めることはできません。留学は、その道を実際に通った人でなければわからないだけでなく、留学の内容も成果も、すべて、生徒の一人ひとりが違うので、実際に理解することは不可能だと言っていいでしょう。

英語が話せ、輝くような自信を持って戻ってきた若者たちは、ある先生たちにとっては、恐怖すら覚える存在です。嫉妬《しっと》もあるかもしれません。そうした気持ちを悟られないために、先生という権威をふりかざすことになります。

すごい言葉が吐かれることがあります。

「ちっとも変わってないじゃないか。何、勉強してきたんだ」

「おう、留学くずれが帰ってきたか」

「1年遊んだんだから、明日からは勉強しろよ」

「デブッたなあ」

「もっと英語がうまくなっているかと思ったのに」

「今までのような勝手はさせんゾ」

「規則を守れヨ」

「留学？　それがどうした。たかが留学ぐらいで付け上がるな！」

帰国後に学校の先生たちから浴びせられ、生徒たちが胸のつぶるような衝撃を受けたという言葉の例です。生徒たちは、留学に直接関係のない先生たちであっても、この留学体験の中味、深さ、大変さは理解されているものと思っています。だから、先生たちからこんな下品で無知な言葉が飛び出すことに、理解のなさだけでなく、人間としても衝撃を受けてしまいます。

日本に戻った際いろいろな状況に遭遇することを前提に、心の準備をして帰国した生徒でさえ、実際にこういう心ない言葉に耐えきれず反発心を抱いた場合には、反抗的な態度や日本の先生や授業をばかにする態度を取り、やる気のなさと嫌悪感をもろに出すようなことになりかねません。中には、上辺だけの挨拶なんてしたくもない、と挨拶することさえも拒否するケースもあります。そうなると、「留学くずれ」「外人かぶれ」といった印象のみによる言葉が躍り始め、「ほらみろ、外国なんかに行くからそういうことになる」と留学に否定的な先生たちの考えが強調されることになり、悪循環が始まります。

極めて遺憾なことであり、もったいないことです。

「がんばってきたね。ご苦労さん」「ものすごい努力をしたのだろうね」「良い体験をしてきたね」「体験話を聞きたいな」という励ましの言葉が最初にあれば、生徒は、ひとつの大きなことを成し遂げてきたことを認めてもらっているのだという確認を得ることができます。次の段階に向かってやる気になり、積極的に進むためのバネとして、留学の時間と努力を肯定する言葉が、周囲の大人から必要なのです。

日本社会に貢献できること

日本社会は、アベノミクスで少し景気浮揚が図られてきているものの、長い間低迷を続けてきました。それは経済だけではなく、社会全体の低迷をも意味しました。

ひきこもり、ニート、不登校、学級崩壊、２０１１年までの14年連続の３万人を超える自殺者、児童虐待、増える精神疾患の患者数等々、80年代の大きな成功と栄光の影をひきずっています。その間に、日本は、世界のどこにもないレベルの衛生的で、便利で、快適な空間と機能の体制を築いてきました。あまりにも快適すぎ、留学したい、外国で働きたいと大きな野望を抱く人たちが以前より少なくなり、日本全体が内向的になる傾向にあるという報道も時折目にします。

「かわいい子には旅をさせよ」の通り、日本の外に出て、様々な体験を積み、大きく成長し自立した若者たちは、すばらしい手土産を携えて日本に戻ってきます。

・輝く自信
・すばらしい笑顔
・新しいパワーとエネルギー
・新しいものの見方と発想
・グローバルな視野
・止めようのないチャレンジ精神

・世界に広げているネットワークと友達の輪
・日本と世界をつなげたい願望
・世界を舞台に活躍したい野望
・世界との共存をめざす心
・真剣に勉学したい意欲
・世界の誰ともつながることができる英語力
・異質なものを恐れない
・他の文化背景を持つ人々への尽きない関心
・簡単には屈しない不屈の魂
・日本人とか外国人という壁を持たない国際市民的感覚など

天然資源のない日本は、人的資源を増やすことで未来を豊かにすることができます。日本の文化を発信していくためにも、日本のもの作りのすばらしさを世界に知らしめていくためにも、日本の技術や美で世界に貢献するためにも、外国の活力を日本に取り込むためにも、そして、日本の社会に生き生きとした力とエネルギーを注入していくためにも、留学で得た若者たちのパワーを学校や社会が活かしていくのは当然の使命であり、責任です。

彼らの爆発的な力を上手に活かすことができたら、日本の社会は、より流動的で活発になり、襲われる恐怖に根ざした安全保障ではなく、地球上の国々との互恵による友好と交易に根ざした他の国々とのパイプとなり、留学で得た知識や視野やエネルギーを分かつことで、若者たちの力強いパワーが社会の隅々で新しい力となることができます。そうした活力や国際社会の中で活きる知恵を抑え込むのではなく、彼らの力が上手に活きる場と支援体制を作ることを、送り出し再び迎え入れる側で考え実践していくことで、留学の成果が本当に輝き、意味を持つことになります。

留学で得たもの・感じたこと・考えたこと

外国で1年間過ごす高校生たちは、一体、どんなことを学び、何を得たと感じるのでしょうか。1年の留学を終えた若者たちの感想を彼ら自身の言葉でご紹介します。

○取り組みの姿勢

・Have A Go（とりあえずやってみよう。まずは試してみよう）の精神

・自分に勢いと乗りが感じられるようになった
・「継続は力なり」。努力を継続することの大切さ
・「為せば成る、為さねば成らぬ何事も」を身をもって知った
・結果を恐れずに飛び込めば、過程も結果も楽しめる

○学習と英語力
・世界中の人と話せるツールが手に入った
・英語の使いやすさ（意見を言いやすい）
・Second Language の習得は簡単ではなく、努力が要る
・勉強が楽しい。日本にいた時より進んで勉強するようになった
・勉強する意味がよく見えるようになった
・協力して学習したり物事を作り出したりする学習がすごく楽しい
・読書の楽しさ

○発言力とコミュニケーション能力の向上
・自分の見解や意見を明確に言葉で表現できるようになった
・意見を言うことが怖くなくなった

・意思表示や意見交換が楽しいもの、役立つものだということがわかった
・笑顔で positive な考えを持つことが人を呼ぶ
○自立（私生活面、学校面、コミュニケーション面、思考面）
・いろいろな面で自信が出てきた。なによりも自分自身に自信が持てるようになった
・大人になった（表情、思考、度胸、積極性）
・お金の大切さがわかった
・主観的・客観的に物事を見て考えることを意識してするようになった
・知らないところに一人で溶け込む勇気を得た
・積極的になり自分から進んで出られるようになった
・忍耐力・我慢すること、プレッシャーに強くなった
○命や時間の大切さ
・（自身のそして社会の）秩序を守ることで自分が活躍できる場ができる
・臨機応変になった（タイムテーブル、スケジュール、即興）
・戦略的判断能力
・時間や学習方法を上手に効果的に使えるようになった

・生活習慣のリズムができた
・普通の高校生がしないことをたくさんして大きく成長した
・元気になって日本にいる時よりも病気しなくなった
・規律正しい生活をするようになった
○自分がよく見えるようになってきた
・自己をより深く知るための知識
・自己を理解することに意識がいくようになった
・他人の性格、自分をもっと深く知るようになった（性格・ストレスの原因・人との接触の仕方・価値観・自分の限界・リーダーシップスタイルなど）
・人間の心の複雑さ
・自分を理解できる良い機会になった
・自分の中でのこだわりや囚われから自由になった
・小さなことで悩まなくなった
・人との付き合い方やコミュニケーションの大切さ
・人間付き合いが上手になった

・自分や人に対するRespect（尊重）の気持ちを持つようになり、他者の気持ちに気付き尊重するようになった。そんな自分が好きになった。そして、誇れる

○グローバルになった
・日本のことをもっと知るようになった
・歴史や文化や思想などを多面から客観的に見ることの大事さ
・日本とオーストラリアの文化や習慣の違い
・国家の国民へのメッセージの出し方に注意が向くようになった
・（知的・身体的）障がい者への理解と家庭や社会の中での接し方
・オーストラリア人の笑いのツボの違い
・世界の多文化や社会の多様さを目にした
・視野が広がった（知識だけでなく、人を見る目や自分の感性の広がり）
・知識ＵＰ！
・違う考え方や物事を幅広く見る目と心
・ニュースの捉え方、その裏にあるものを意識すること
・他の文化や他の人々の価値観や意見を尊重すること

・異国への偏見がなくなった（文化や習慣、考え方）
・日本の常識や恥ずかしさの枠にとらわれなくなった
・多文化の共存は可能
・日豪関係について（主に歴史）
・世界の貧しさや紛争など（アフリカや東南アジアなど）
・世界に広がる人脈
・世界の中にある日本を客観的に観る視線を得た
・グローバルな観点から自分を眺めるようになった
・もっといろいろな国を見て、様々な形での貢献がしたい
〇日本がいかに恵まれているか（生活面、文化面、インターネット環境、便利さなど）
・日本の忙しさ
・自分が恵まれた環境にいることがわかった
・中国人の力（経済面、影響力）の大きさ
・韓国の人々の強さと優しさと、日本人の元気のなさ
・中国人も韓国人も日本人に関心があり、すぐに友達になれる

・韓国人や中国人の進出が目立つ
・日本人はもっとあらゆる分野で積極的に世界に出るべき
○日本の家族への感謝の気持ち（支え、家事、ケアなど）
・家族や友達の大切さがよくわかった。いかにそれまで甘えていたかということも
・何事に対しても感謝する心を得た
・家の手伝いをすることが当たり前となった
・ホストファミリーの温かさやありがたさ
・日本食はすばらしい
○夢や志を持つこと
・自分の夢や志に近づいた
・個性を磨くことの大切さとすばらしさ
・先人たちの知恵を活かして良い大人になる
・自分の将来を見つめられるようになった
・夢がたくさん出てきて、将来がもっと明るく見えるようになった
・社会や世界にどう貢献するかを真剣に考えるようになった

以上は、あるグループが1年の最後にまとめたものですが、慣れ親しんでいる環境を離れ、様々な新しい刺激に曝された故に得たものです。物を観る視野は世界に広がり、物を考える視点は多角的になり、知識は積むものから応用するものとなり、英語という世界に届くための手段を得たと言えるでしょう。独自の発想や創造性の発露に自信を持つようになった若者たちの世界観、人生観は、1年前のパラダイムとはまったく別の次元のものに変わっています。

こうした資質を培った若者たちは、自分の夢を実現し、自分の道を拓くことに熱く燃えているだけでなく、社会や世界に大きな貢献を果たすことを使命と感じ始めています。培ったものを還元することができれば、新しい展望を持って社会のいろいろな場でリーダーとして活躍し、未来社会の柱となっていくことでしょう。それは、とりもなおさず、日本社会のより活気のある発展につながることとなります。

参考1　悩める子どもたちのつぶやきから

以下のような要素が家にあったら、子どもが社会への適応性を持たなくなるというのではない。しかし適応性や人間関係構築に大きな問題が浮上する場合、育った環境の中にこうした要素が幾重にも重なって存在していることは否めない事実であることを15年間（1990〜2005）のデータは物語る。

○新しい環境で適応性・社会性に顕著な欠如を見せる子どもの背景にあるもの
☑両親、家族内の不和
☑家庭内暴力（子どもや母親が父親に殴られる）
☑しつけという名の下に子どもに暴力を振るう（手を上げる、物を投げる、蹴るなど）
☑子どもへの性的ないたずら、虐待
☑暴言が家の中に飛び交っている
☑家庭内に会話がない

参考１　悩める子どもたちのつぶやきから

☑同じ小言を何度もしつこく繰り返す
☑何かあるたびに過去のミスを持ち出す
☑親の気分により、しつけに一貫性がない
☑親のストレスを家庭内で発散する
☑不満、愚痴、人の批判と悪口の毎日
☑父親の酒癖が悪い
☑父親が極端に厳しく、母親が極端に甘い
☑子どものしつけや教育に関し、父親と母親が常に違う意見で激しく対立する
☑子どもを夫婦げんかの味方につける
☑父親が母親の、母親が父親の悪口を子どもに言ったりけなし合う
☑親が子どもに示す模範と、子どもに要求することが合致していない
☑子どもが良いことをすれば自分の勲章とし、悪いことをすると自分の子どもではないと突っぱねる
☑親の夢や価値観を子どもに無理やり押し付ける
☑兄弟姉妹と能力を比べて差をつける

☑兄弟姉妹を不健康な形で競争させる
☑兄弟姉妹に向ける親の接し方に極端な差がある
☑子どもを誉めず、いくら努力してもまだ足りないと責める
☑よその子どもと比べる
☑親が子どもに頻繁にバカだ、ダメだと言う
☑親が子どもの性格をネガティブに決めつけてしまう
☑親が子どもに「お前など生まれてこなければ良かった」と言う
☑親が子どもの容姿をけなす（太りすぎ、背が低い、顔が悪いなど）
☑親が苦労しているのは子どものせいだと苦労を押し付ける
☑子どもがいなければ、金も苦労もかからない、といったことを言う
☑子どもに費やす時間が極端に少ない
☑子どもの好きなように放任しておいたり、欲しいものを制限なく与える
☑子どもに話しかけない
☑うるさい、今は忙しい、と子どもの話を聞かない
☑子どもの質問に誠意をもって答えない

参考1　悩める子どもたちのつぶやきから

- ☑親の時間を金銭や物で置き換える
- ☑人間の価値を金銭や物質的なもので評価する
- ☑親が虚栄を張る
- ☑親の世間体が子どものしつけの基準となっている
- ☑親の人間関係に極端な裏表がある
- ☑テレビやファミコンが遊びの主
- ☑子どもを信頼しない
- ☑子どもの責任を問わず、口実を与えたり、他人を責める
- ☑親が子どもを人形代りに扱う（特に母親が男の子を）
- ☑母親と子どもの間に親子のはっきりとした境がない
- ☑子どもに家の手伝いをさせない
- ☑子どもに自分の身の回りのことをさせないで、親がみんなしてしまう
- ☑子どもに体験の機会を与えない
- ☑親の都合で子どもを動かす
- ☑子どもの人格を否定する

参考2　絆を上手に結ぶヒント

人との付き合い方や子育てにマニュアルはない。しかし、人間として基本になることはある。

○夫婦の絆

☑良い人間関係を維持するための毎日の意識的な努力
☑夫婦は、違う人格を互いに信頼し敬い合う存在
☑夫婦は、互いに助け合う存在で、競争相手ではない
☑一緒に過ごす時間を作る（食事、団欒、散歩、趣味、映画、ドライブ、旅行など）
☑互いの関心ごとに関心を持つ
☑以心伝心はご法度。人は話さなければわからない
☑相手の目を見て誠意をもって聞き、誠意をもって話す

参考2　絆を上手に結ぶヒント

☑乱暴な言葉を使わない
☑暴力は決して行使しない
☑何事にも相手を責めないで、事の成り行きを冷静に聞く・話す
☑それぞれにいたわり、思いやりの声をかけあう
☑それぞれによいところ、よいことを言葉に出して誉めあう
☑どんな小さなことでも、してもらったことに対して感謝の言葉を表す
☑互いの情報交換を毎日したり、行動予定を伝える
☑互いの気持ちや価値観を分かち合う
☑自分の読んだ本の内容やテレビのニュースなどの情報について話す
☑互いに仕事や立場を理解し助け合う
☑問題を心にためこまず、疑問を感じたり、困ったことがあれば、すぐに話し合う
☑問題は客観的に落ち着いて話し合う
☑問題の解決は一緒にあたる
☑よその人に夫婦間の愚痴や不満をこぼさず、当人同士で解決することを考える
☑どうしても解決できなければ、一緒に然るべき人の助けを求める

☑互いの愛情、信頼を信じる
☑人格を傷つけるようなことは言わない
☑仕事と家庭のどちらが大事かといった愚かな選択を迫らない
☑スキンシップを大事にする
☑優しい音楽を流す機会を増やす
☑よその人の悪口、批判を家の中に持ち込まない
☑隣人、地域の人々を大事にする
☑地域の活動に積極的に参加する

○子どもとのコミュニケーション
☑子どもは親の所有物でもなければ、体の一部でもない
☑生まれた時から、子どもを親とは別の人格として認め、接する意識を持つ
☑子どもとできるだけ時間を過ごして一緒に遊ぶ
☑子どもに話しかけ、小さな時から家族で話をする習慣をつける
☑子どもにたくさんの良い本を読んでやる

☑子どもに良い音楽をたくさん聞かせてやる
☑出来るだけ野外の体験をさせる
☑いろいろな人との出会いを作る
☑だめなことはだめだときちんとそのたびに教え、けじめをつけることを幼児期から教える（限界がないことを覚えてしまった子どもに、後で限界があることを教えることは極めて難しい）
☑小さな時から子どもに役割を与え、家の手伝いをさせる（社会の仲間入りをさせ、責任感、信頼感などを植え付ける）
☑やりかけたことは最後までやらせる
☑子どもにきれいな言葉遣いを覚えさせる（親子の間でも品のある言葉遣いが大事）
☑父親と母親が子どもに教えようとしていることが矛盾しないようにする
☑子どもを夫婦間の感情の楯に使わない
☑父親は、子どもに母親のことをけなさず、母親の素晴らしいところを誉める
☑母親は、子どもに父親のことをけなさず、父親の素晴らしいところを誉める
☑子どもに礼儀作法をしっかりと教える（子どもの礼儀作法を注意する前に、親が礼儀作法

を整える）

☑親が他人に対して誠実さを示す

☑子どもの前でむやみに人の悪口を言わない（子どもに理解させたいことや学ばせたいことは、事象についてなぜそれがだめなのかを教え、その人の人格を否定するようなことは言わない）

☑子どもの前で学校や教師の批判をしない（問題や意見がある時は、保護者の提案またはフィードバックとして学校に正式に連絡をとる）

☑子どもがしようとしていること、したことの善悪を考えさせる

☑親、祖父母を敬うことを教えたいのであれば、まず親が自分の親を敬う

☑子どもにむやみやたらに物や金銭を与えない

☑子どもに金銭の重要さ、価値、使い方、管理の仕方を教える

☑子どもに時間の大切さを教える

☑テレビやテレビゲームを子守りがわりに使わない

☑テレビはいい番組を選び、時間がきたら必ず止める

☑テレビゲームは、暴力や殺人のあるものは、それが悪いことである意識が目覚めないう

ちは与えない

☑テレビやゲームは時間を限り、無制限に遊ばせない

☑子どものしていることに関心を示す

☑子どもを観察する機会を増やす

☑子どもの話に誠意をもって耳を傾け、子どもの質問に誠意をもって答える

☑テレビに集中して会話がないのであれば、テレビを消して話をする

☑社会や世界のニュースに関心を示し、それについて家族で話す

☑子どもに「忙しいからあとで」と言った時には、後で、必ずその時間をつくる

☑子どもが正直に打ち明けたことは、叱らない。正直に話したことを誉めてやり、問題の解決を一緒に考える

☑親の意見を押し付けない。しかし、親の考えや希望ははっきりと伝える

☑子どもに親の過度の夢や期待を押し付けない（子どもは違う人格を持っている）

☑子どもの価値観を理解するように努めると同時に、親の価値観も分かち合う

☑親の体験談をたくさん子どもに語る。親がどんな人間なのかを子どもに知らせる

☑子どもが間違ったことをした時は、子どもに責任をとることを教える（親が責任を拭っ

てしまわない）

☑子どもに怒鳴らない。落ち着いて、静かに話す

☑子どもをたたかない（殴ったり蹴ったりは論外。物心つく前から、善悪、限界をしっかりと教えていれば、たたく必要はない。たたくのは親がそれ以外の手段を持たないから）

☑子どもに、「バカだ」「頭が悪い」「できが悪い」「ブス」といった言葉を冗談でも決してぶつけない。子どもはそれをまともに受けてしまう

☑子どもに、「おまえなど生まれてこなければよかった」という表現は、口が裂けても言ってはならない。子どもは自分の存在を肯定できなくなる

☑子どもに、「おまえのために親はこんなに苦労をしている」という言葉は、ありがたいと受けとめる子もいるが、「自分が生まれてこなければ、親はこんなに苦労することはなかったんだ」と自己否定になることも多い

☑子どもが良いことをしたり、役目を果たしたら、どんな小さなことでも誉める（誉めることで、正しいこと、良いことをしているという肯定の評価を与える）叱るときには、ひとつ誉めてから

☑子どもの友達の悪口を言ったり、批判したりしない。しかし、友達が間違ったことをし

ているのであれば、親の考えと意見をきちんと伝える

☑動物や昆虫など生きたものを大事にする

☑お年寄り、妊婦、病弱な人などに出会ったら、親子で積極的に席を譲ったり、荷物を持ってあげる

☑子どもの様子がいつもと違う時には、細やかに観察し、タイミングをみて話しかける

☑スキンシップはいくつになっても大事

あとがき

人間は、情報の動物です。日々における情報の内容と質、そして、そこから受ける刺激と解釈の仕方が行動を支配します。過去に起きたことの受け止め方や解釈も、今現在持っている情報が軸となっています。未来につなげていけるのは、現在の状況を推察し判断できる情報があるからです。

世界は日々凄まじい勢いで変化し、情報が氾濫《はんらん》しています。テクノロジーの進歩により、世界のどこに起こっていることも情報として瞬時に入手できますが、発信源により、情報の内容も伝え方も意図するところも大きく違います。

情報は価値観の多様性を生み出し、互いの理解と寛容性を広げる一方、世界の至るところで絶え間なく対立を招いています。

十代の若者の手の中には携帯機器があるのが普通となり、まだ話ができない幼子《おさなご》がテクノロジーに魅せられ、母親が取り上げればしつこくねだるような時代に突入しました。

このことがどういうふうに周囲とのコミュニケーションの仕方や人間関係の形成に影響

するのか、それがわかるのはまだ先のことです。

インターネットで世界中との交信が可能な今、グローバルという言葉がますます重きを持ってきます。DNAが解明されるにつれ、人間の身体をめぐって大きな革命が起りつつあります。医学界でも法曹界でも、今までには存在しなかったタイプのモラールが要求されるようになってきました。

開発国の経済のために開発途上国の自然が破壊され、未開発国の人口増加や貧困が世界経済を圧迫し、また、人間の愚かさと欲のために地球そのものの生命が瀕死《ひんし》の状態にさらされてきています。

自然災害の規模は大きくなるばかりです。すべての分野において、物事の視野も問題解決方法もグローバルな規模とレベルが要求されます。一国だけのあるいはひとつの文化だけの判断では動けません。

このような時代に幸せを求め、自分なりの人生を切り拓《ひら》き、夢を叶え、次世代のリーダーとなるためには、洞察力、ビジョン、コミュニケーション能力、情報活用能力、決断力、実行力など様々な資質が必要とされます。

しかしながら、最も求められるものは、文化背景にかかわらず、より広汎な、そして質の高い情報を得ながら人々を理解し、共感を持ち協力し、一緒に互いの生活を、そして、地球の未来を護《まも》り、築いていくことができる「心」と「情熱」です。それは、情報が知識となり、その知識が線となってつながり、それが体験を伴って「知恵」となった時に出てくるものです。

若い日々の海外留学は、そうした資質全部を培う試練と機会を自ら摑み取りに出る旅です。

多くの若者たちが日本の外に飛び出し、新しいチャレンジに臨み、自分を大きく成長させ、日本の、そして、世界のすばらしい未来を築く担い手となることを心から望みます。

本書が、未来に向かう成長を助長するものとなれば幸いです。

二〇一四年一二月

原田房枝

著者プロフィール
原田 房枝（はらだ ふさえ）
1949年長野県生まれ。アステカやマヤ文明に惹かれ73年からメキシコに4年半留学。
1980年オーストラリアに移住。シドニー日本人学校に約10年間勤務し、日豪の生徒たちや保護者たちの交流促進に努める。日本人高校生のための留学教育専門学校 ICET（アイセット、InterCultural Education Today（www.icet.edu.au）の創設者の一人（95年）。
理事／校長として現在に至る。
現地の高校との提携による他に類のないユニークな教育方針・制度の下で、高度な英語習得と、未来社会の担い手となる人材の養成をめざし、ICET 独自のカリキュラムを開発。充実した内容と成果に対して2014年に NEAS（海外からの移民や留学生のための全豪の英語教育の質を管理する機関）から18歳以下の留学生のための全豪初の Quality Assurance が付与される。
著書『メキシコ青春地図』中公文庫 1983年、『家族の絆が織り成す子どもの未来』東京図書出版会 2005年、『夢を広げる留学』ICET 2006年

沈黙の国から来た若者たち 日本の文化とコミュニケーション力

2015年 3 月15日 初版第 1 刷発行

著 者 原田 房枝
発行者 瓜谷 綱延
発行所 株式会社文芸社
〒160-0022 東京都新宿区新宿1－10－1
電話 03-5369-3060（編集）
03-5369-2299（販売）

印刷所 株式会社フクイン

ISBN978-4-286-15991-1